법의식과
법교육

| 여자비행청소년을 중심으로 |

Focused on Delinquent Girls

한국법교육센터 법교육총서시리즈 1

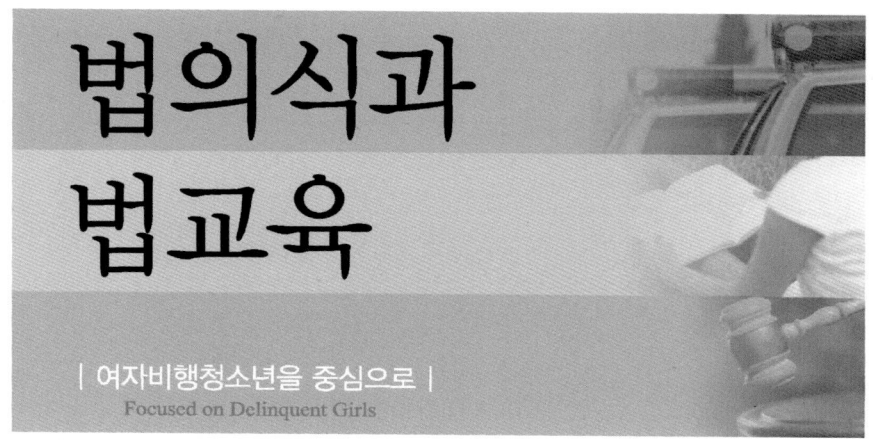

법의식과 법교육

| 여자비행청소년을 중심으로 |

Focused on Delinquent Girls

곽한영 지음

ksi 한국학술정보㈜

법교육 총서 시리즈는 자녀 안심하고 학교보내기운동 국민재단 오주언
이사장님이 출연해주신 학술기금을 바탕으로 발간되고 있습니다.

법교육 총서 시리즈를 펴내면서……

    법교육은 건전한 법의식 함양을 통해 자신의 권리를 분명히 인식하고 사회에 적극적으로 참여할 수 있는 시민을 길러내는 민주시민교육의 핵심적 영역입니다. 법관련 전문가를 길러내는 것을 목표로 하는 법학교육과 달리 청소년 및 일반 시민의 법의식 함양을 목표로 한다는 점에서 차이가 있습니다. 전통적인 의미에서의 법교육은 어느 나라에나 있었지만, 민주시민교육으로서 법교육은 1950년대 초반 미국에서 처음 시작되어 크게 확산되었으며 현재 일본, 대만, 영국, 독일, 프랑스 등 각국에서 활발하게 이루어지고 있습니다.

    우리나라에서도 학계에서 법교육에 대한 논의가 산발적으로 이루어져오다가 7차 교육과정에 '법과 사회' 교과가 독립되고 한국법교육학회가 설립되는 한편, 법무부에서 강력한 의지를 가지고 법교육 사업을 펼치면서 법교육이 확산되는 과정에 있습니다. 법교육 관련 학술연구와 프로그램 개발 등을 목표로 2006년 1월 자녀안심하고 학교보내기 운동 국민재단 산하에 설립된 한국법교육센터에서는 이러한 법교육 연구의 내실을 다지고 이론적 기반을 제공하기 위해 국내외 법교육 관련 학술 서적과 연구 성과를 묶어 '법교육 총서 시리즈'로 발간하고 있습니다. 본 시리즈가 법교육에 관심을 가지고 있는 연구자 및 현장 교육자분들께 보탬이 되길 기대하며 아울러 법교육 관련 연구성과나 번역물을 출간하실 계획이 있는 분들은 한국법교육센터로 연락주시기 바랍니다.

서 문

청소년 비행문제에 관해 교육의 차원에서 이제까지 여러 가지 해결책들이 제시되었으나 체계성과 일관성을 갖추지 못한 현상적인 접근에 그쳐 왔다. 본 논문에서는 청소년 비행에 대한 근본적인 차원에서의 접근으로 법의식의 문제에 주목하였다. 청소년 비행문제의 주요한 원인 중 하나로 청소년들의 법의식 문제를 들 수 있다. 비행청소년들의 잘못된 법의식이 비행행동에 영향을 준 것이다. 따라서 교육적 수단을 통해 건전한 법의식을 함양할 수 있다면 비행행동의 예방과 개선에 효과적으로 활용될 수 있을 것이다. 본 논문에서는 이러한 법의식 변화를 위한 교육적 수단으로서 법교육의 가능성을 경험적으로 확인하는 것을 목표로 하고 있다.

법교육의 효과와 관련된 기존의 연구들은 법교육 프로그램의 사후평가로서 이루어지다 보니 학문적 엄밀성을 충분히 갖추지 못했다는 한계를 지니고 있었다. 본 연구에서는 세밀한 연구 설계와 변인통제를 통해 이러한 한계를 극복하고자 하였다.

법교육이 비행청소년의 법의식에 미치는 영향을 확인하기 위해서는 청소년 비행과 관련된 법의식 요인들을 추출하고, 실제로 법교육을 실시한 결과 이러한 법의식 요인들이 긍정적으로 변화했는지 확인해 보아야 한다. 본 연구에서는 먼저 기존의 청소년 비행 원인에 대한 연구들을 검토하였다. 또한 개념이 모호하여 법교육 연구의 걸림돌이 되었던 법의식 개념을 사회심리학의 태도 개념을 이용하여 재정의하고, 이를 앞서 살펴본 청소년 비행 원인론과 결합하여 비행과 관련된 법의식 요인들을 추출하였다.

청소년 비행의 원인에 관한 대표적인 연구경향으로 개인중심적 이론들과 사회중심적 이론들이 있다. 최근에는 이러한 연구결과들을 바탕으로 청소년 비행과 직접적으로 관련된 요소들을 종합한 위험요인, 보호요인, 재활요인 등의 '비행억제요인'들이 제시되고 있다. 따라서 이 비행억제요인들을 중심으로 비행과 관련된 법의식 요인들을 추출할 수 있을 것이다. 법의식은 인지적 영역, 정서적 영역, 행동적 영역의 세 영역으로 나누어 볼 수 있다. 이 세 영역에서 비행억제와 관련된 법의식 요소들을 추출한 결과, 인지적 영역에서는 법적 지식과 법의 필요성에 대한 인식, 자아존중의식 등을, 정서적 영역에서는 법에 대한 친밀감과 신뢰감, 준법에 우호적인 태도 등을, 행동적 영역에서는 법 사용의사와 법적 효능감 등을 추출하였다.

본 연구의 분석틀은 법교육 전후에 이 여덟 가지 법의식 요인들이 어떻게 변화하는지를 확인하는 방식으로 구성되었다. 즉, '법교육을 통해 비행청소년의 비행억제 법의식 요인들이 긍정적으로 변화될 것이다.'라는 주장을 경험적으로 검증하는 것이 본 논문의 핵심적인 주제이다.

본 연구에서는 실험연구 방법을 사용하였다. 실험처치 전후에 리커트 척도에 의한 설문지로 사전, 사후검사를 실시하였고 소년원 학교 교사, 대상 학생들에 대한 심층면접을 실시해 결과자료에 대한 해석에 활용했다. 법교육 처치는 2006년 2월부터 7월까지 약 6개월간 주 1회, 총 11차례의 수업으로 이루어졌다. 연구대상은 국내에서 유일하게 여자비행청소년을 수용하는 소년원인 '정심여자정보산업학교'(구 안양소년원)의 학생들 중, 실험처치 기간 동안 지속적으로 소년원에 수용되는 총 40명의 학생들에서 무선 할당하여 20명을 추출해 실험집단으로 하고 나머지 20명을 비교집단으로 설정하였다. 가설 검증을 위하여 t-test 방법을 사용해 법교육 전후의 태도변화를 상호 비교하였으며 이러한 변화에 가장 큰 영향을 준 요인을 확인하기 위해 다중회귀분석 결과의 회귀계수를 활용하여 가설을 검증하였다. 그 결과 법교육이 여자비행청소년의 법의식 중 각 비행억제요인들을 강화시킬 것이라는 가설들은 모두 p

<.05 수준에서 통계적으로 유의한 것으로 검증되었다.

　본 연구의 발견결과는 법교육이 청소년 비행의 예방과 억제에 효과적인 교육적 수단이라는 주장에 근거가 될 수 있다. 또한 실천적 차원에서는 청소년들의 법의식을 향상시켜 비행을 예방하고, 비행청소년들의 추가적인 비행을 억제하기 위해 법교육이 사회과 교육 및 교정교육에 도입될 필요성을 시사해 준다. 이러한 목적을 달성하기 위해서는 법의식의 인지적, 정서적, 행동적 영역의 특성을 고려한 법교육 프로그램이 마련될 필요가 있다.

　그러나 태도는 그대로 행동으로 나타나는 것이 아니다. 즉, '법교육 실시 → 법의식 변화 → 비행행동의 감소'로 이어지는 연결고리에서 본 연구는 법교육이 비행에 관련된 법의식 요소들에 미치는 영향만을 확인한 것이다. 따라서 이러한 법의식 변화가 비행행동 자체에 어떠한 영향을 미치는지 후속 연구를 통해 연구될 필요가 있다. 아울러 비행 이외의 다양한 법적 행동과 관련된 법의식 요소들을 확인하고, 각 요소들의 강화에 효과적인 법교육 방식을 찾는 연구들이 이어져야 할 것이다.

주요어: 법교육, 법의식, 태도, 청소년 비행, 위험요인, 보호요인

목 차

Ⅰ. 서 론

1. 연구의 목적과 필요성

　어떤 남자가 강둑을 따라 걷다가 흘러오는 강물에 떠내려 오는 아이를 목격하였다. 강둑에서 낚시를 하던 낚시꾼 하나가 재빨리 물에 뛰어 들어가 그 아이를 끌고 나와 인공호흡을 하여 생명을 구했다. 몇 분이 채 지나지 않아 똑같은 상황이 벌어졌고 그 후로도 계속 아이들이 물살에 떠내려 오자 그 낚시꾼은 떠내려가는 아이를 그대로 방치하고 강둑을 따라 상류로 급하게 뛰어가기 시작했다. 그러자 이를 처음부터 지켜보던 남자는 그 낚시꾼에게 갑자기 이게 무슨 짓이냐고 물었다. 즉, 왜 아이들을 구출하지 않냐는 것이었다. 그러자 그 낚시꾼은 "강 상류에 가서 도대체 어떤 망할 놈이 이 애들을 강 속에 밀어 넣는지를 알아보아야겠다."고 대답했다.

(Cohen, 1985)

　미국의 사회학자 솔 알린스키(Saul Alinsky)의 이 비유는 어떤 문제의 일시적 해결방안에만 매달리고 근본적인 원인을 찾으려 하지 않는다면 결국 문제는 반복되고 심지어 더 악화될 수 있다는 점을 경고한 것이라고 할 수 있다. 이러한 비유가 가장 잘 어울리는 사회문제 가운데 하나가 아마 청소년 비행문제일 것이다. 버릇없고 반항이 심해진 청소년들의 상황을 개탄한 기원전 5세기경 소크라테스의 글[1]을 통해서도 알 수 있듯이, 청소년 문제는 시대와 장소를 가리지 않고 어떤 사

---

1) 요즈음 아이들은 사치를 좋아한다. 그들의 버릇은 아주 나쁠 뿐 아니라 어떤 종류의 권위에든 콧방귀를 뀐다. 어른들의 말을 무조건 무시하고, 공부하거나 운동하는 것보다는 재잘거리기만을 좋아한다. 어른이 방에 들어와도 일어설 줄도 모르며 부모에게 사사건건 반박한다. 여러 사람들 가운데서도 자기들끼리 속닥거리고 게걸스럽게 밥을 먹으며 심지어 그들의 선생을 위협하기까지 한다(Cox & Conrad, 1991).

회에서나 발생했고 여러 가지 해결책들이 고민되었던 문제이다.

그러나 청소년 문제의 해결을 위한 다양한 노력에도 불구하고 뚜렷한 해결책은 아직 마련되지 못하고 있다. 오히려 사회의 변화 속도가 빨라지는 현대 산업사회에서 가치관의 혼란이 가중되면서 청소년 문제는 심각성을 더해 가고 있다. 서구 사회에 비해 근대화의 속도가 훨씬 빠르고 변동 폭도 큰 '압축적 근대화'를 겪은 우리나라의 경우 가치관의 혼란 문제는 더 심각하게 나타나고 있으며 청소년 비행문제도 악화되어 가고 있다. 특히 최근 우리 사회의 청소년 비행문제에서는 몇 가지 우려할 만한 양상들이 나타나고 있다(김경희, 1998). 우선 청소년 비행의 보편화 현상이 나타나고 있다. 과거와 달리 대부분의 청소년들이 비행을 경험해 보았거나 비행행동을 접하기 쉬운 환경에 처해 있는 것이다. 형사정책연구원(1997)의 조사에 따르면, 대도시 고등학생들의 70% 이상이 크고 작은 비행들을 해본 적이 있다고 응답했다고 한다. 또한 집단화 경향도 보이고 있다. 서울시 교육청은 1995년 당시 서울 시내 중학교에 110개, 고등학교에 31개의 폭력집단이 있다고 밝힌 바 있다. 또한 성인범죄의 공범률이 1.4%인 데 비해 소년 비행의 공범률은 43.9%로 현저히 높을 뿐 아니라 매년 공범률이 증가하는 경향을 보이고 있다. 청소년 비행은 재비행률도 매우 높게 나타나고 있다. 소년분류심사원의 위탁생들을 대상으로 조사한 결과, 소년법상 6호, 7호 처분을 받은 중 비행청소년의 경우 약 80%의 재비행률을 보이는 것으로 나타났다(이창재, 1997). 이 밖에도 재학 청소년들의 비행 비중이 늘어나고 여자비행청소년들이 증가하는 등 우리나라의 청소년 비행문제는 청소년 전반으로 급격히 확산되는 양상을 보이고 있다. 이제 상류로 거슬러 올라가 청소년 비행문제의 근본적인 원인에 대한 고찰을 통해 해결책을 깊이 고민해 볼 시기가 된 것이다.

그동안 청소년 비행에 대한 경험적 연구들은 크게 두 가지 방향에서 이루어져 왔다. 첫 번째는 특정 프로그램이나 교육방식이 청소년 비행의 예방과 억제에 갖는 효과를 측정하는 것이다.[2] 이러한 연구들은 개별 프로그램이 구체적으로 어떤 효과를 가질 수 있는지를 확인한다는 의의를 지니고 있으나 왜 그런 효과가 나타나게 되는지에 대해 일관된 설명을 제시하지 못한다는 한계가 있다. 즉, 프로그램의 실행과 그 결과 나타나게 되는 행동의 변화 사이에 개입되어 있는 개인의 의식 변화의 측면을 충분히 설명하지 못하는 것이다. 또한 개인의 행동변화 과정에 개입되는 다양한 환경적 변인들을 무시하고 프로그램의 영향이 그대로 행동의 변화로 이어진다고 가정하는 문제점도 안고 있다. 두 번째 경향은 각 개인이 가지고 있는 심리적 요인들이 비행행동에 미치는 영향을 확인하는 것이다.[3] 주로 심리학 영역에서 많이 이루어지는 이와 같은 연구들은 비행행동에 연관된 요인들을 세밀하게 확인할 수 있다는 장점을 가지고 있다. 그러나 각 연구에서 주장되는 심리 요인들이 서로 상이해서 청소년 비행에 대한 통합적인 이해를 제공하지 못한다는 문제점이 있다. 그 결과 전체적으로 이러한 심리 요인들 간의 관계나 상호 간에 미치는 영향, 그리고 이러한 요소들에 전체적으로 접근하기 위해 어떤 접근방식이나 교육이 필요한지 실질적인 대안을 내놓지 못하고 있다.

따라서 청소년 비행의 원인과 관련된 심리적 요인들을 총체적으로 파

---

2) 김성숙(2004). "사이코드라마 활용 집단상담이 비행여고생의 사회적 유능성, 학교 적응 및 자존감에 미치는 효과", 『한국사이코드라마학회지』 제7권 제1호, pp.27-52, 박노해(2002). "청소년을 위한 인지행동적 자존감증진 프로그램이 고등학생의 스트레스와 우울에 미치는 효과", 경성대학교 석사학위논문, 지승희, 이은경(2002). 『청소년 비행예방 및 개입전략 개발을 위한 종단연구』, 서울: 한국청소년상담원, 최윤희(1993). "자기표현 훈련 프로그램이 자기표현과 자존감에 미치는 영향", 이화여자대학교 석사학위논문

3) 장연정(2002). "청소년이 지각한 사회적 지지와 심리사회적 적응 간의 관계연구", 서울여자대학교 석사학위논문, 정문성 외(1991). "청소년의 도덕적 사고와 도덕적 행동의 관계에 관한 연구", 『한국청소년연구』제6호, 안영진(1988). "청소년의 도덕성 발달수준과 내외통제성 측정에 관한 연구", 숙명여대 석사학위논문, 이성식(2000). "청소년범죄의 동기로서 재미와 스릴-통합론적 모델의 구성과 검증", 『한국공안행정학회보』 제9호, 한국공안행정학회 pp.53-80

악하고, 이러한 요인들의 강화를 통해 청소년 비행억제에 효과를 발휘할 수 있는 방법을 찾기 위한 새로운 접근이 필요하다. 본 논문에서는 이러한 새로운 접근의 하나로 '법의식'의 문제에 주목해 보고자 한다.

청소년 비행은 청소년들이 사회적 규범, 특히 법을 무시하거나 어겨서 발생하게 되는 문제이다. 법을 지키지 않는 이유는 사회적 차원과 개인적 차원으로 나누어 접근해 볼 수 있다. 사회적 환경의 차원에서는 빈곤, 가정환경, 지역사회와 또래집단의 영향 등 다양한 원인들이 제시될 수 있다. 사회적 환경의 문제는 제도적 차원에서의 거시적인 해결책이 시도될 수 있을 것이다. 개인적 차원에서 법을 어기는 이유는 여러 가지로 예상해 볼 수 있다. 법규범의 내용을 몰랐을 수도 있고 안다 하더라도 별로 중요하게 여기지 않았을 수도 있다. 법이 무섭고 멀게만 느껴져 법규범 자체에 호감을 갖지 못하고 오히려 비행을 저지르는 것이 좋다고 느꼈을 가능성도 있다. 혹은 법적 절차에 따라 문제를 처리해야 하는 상황에서 스스로 그럴 만한 능력이 없거나 법에 따라 행동해도 문제가 해결되지 않을 거라고 생각해서 쉽사리 포기하고 법적 절차 이외의 방법으로 행동하다가 문제가 더욱 커진 경우도 있을 것이다. 개인적 차원의 문제는 주로 개인들이 가지고 있는 '의식'과 관련되어 있다. 이상에서 제시된 문제 역시 '법에 대해 사람들이 가지고 있는 일반적인 마음의 자세나 정신'의 문제, 즉 '법의식'의 문제라고 볼 수 있다. 비행청소년들이 비행을 저지르는 개인적 차원에서의 원인은 비행청소년들이 건전한 법의식을 기르지 못했기 때문인 것이다. 따라서 교육을 통해 비행청소년의 문제에 접근하려 한다면 법의식의 향상을 목표로 하는 '법교육'이 효과적인 방안이 될 수 있을 것이다.

본 논문은 청소년 비행문제에 대한 새로운 대안으로서 법교육의 가능성을 확인하는 것을 목적으로 하고 있다. 이를 위해 법교육이 청소년의 법의식에 미치는 영향을 경험적으로 측정하는 것을 연구문제로 설정하였다. 연구문제를 해결하기 위해 다양한 법의식의 요소들 가운데 비행억제와 관련된 요소들을 추출하고 법교육이 이러한 비행억제요인들에 어떤 영향을 주는지 확인하였다. 즉, 본 연구에서 법교육을 실시한 결과 청소년들의 법의식 가운데 비행억제요인들이 강화되었다면 법교육이 청소년 비행 예방에 효과적인 교육방식이라고 할 수 있을 것이다.

　다양한 양상을 보이고 있는 청소년 비행문제에 대해 각 현상에 개별적으로 대응하는 처방은 이제 한계에 도달하고 있다. 청소년 비행문제의 근본적인 원인을 찾고 이를 해결하기 위한 노력이 요구되고 있는 것이다. 법교육을 통한 법의식의 개선은 다양한 청소년 비행문제에 대한 보다 근본적인 차원에서의 접근이라고 할 수 있다.

　최근 국민들의 사법 참여를 확대하는 여러 방안들이 논의되는 가운데 법교육에 대한 관심과 요구 또한 높아져 가고 있다. 법교육의 효과를 경험적 자료를 통해 밝히는 본 연구는 법교육에 대한 이해를 높이고 장기적인 정책적 방향을 설정하는 데에도 도움을 줄 수 있을 것이다.

2. 연구문제와 논문의 구성

　본 연구는 법교육이 청소년 비행을 억제하는 법의식 요소들에 어떠한 영향을 주는지 밝혀내기 위한 경험적 연구이다.

　이러한 연구문제에 답하기 위해서는 다음과 같은 질문들이 먼저 다루어져야 한다.

　첫째, 청소년 비행의 개념과 원인은 무엇이며 법교육은 청소년 비행과 어떤 관련성을 갖는가?

　둘째, 법교육은 무엇이며 법교육을 목표로 하는 법의식의 개념과 구성요소는 무엇인가?

셋째, 다양한 법의식의 구성요소 가운데 청소년 비행과 직접 관련된 요소들은 무엇인가?

즉, 청소년 비행과 법의식에 대한 이론적 고찰을 통해 청소년 비행억제에 관련된 법의식 요소들을 추출해 낸 후 법교육의 시행 전후에 이러한 법의식 요소들이 어떻게 변화하는지 밝힌다면 법교육이 갖는 비행예방 및 억제효과를 확인할 수 있을 것이다.

2장 1절에서는 연구의 첫 번째 단계로 청소년 비행에 관한 선행연구들을 개관해 본다. 이 절에서는 청소년 비행의 의미와 특징을 살펴보고 청소년 비행의 원인에 관한 다양한 이론들을 확인해 볼 것이다. 또한 법교육이 청소년 비행에 미치는 영향에 대한 선행연구들을 개관해 보고 이러한 연구들이 가지고 있는 한계를 살펴볼 것이다.

선행연구들의 한계를 극복하고 엄밀한 효과 연구가 이루어지기 위해서는 법교육과 법의식의 개념이 명확하게 규정되어야 한다. 법교육은 국내에 비교적 최근에 소개된 용어로서 법학교육과 뚜렷한 구분 없이 사용되는 경우가 많다. 또한 법의식은 개념이 대단히 모호하고 학문적으로 정립되지 않아 학자에 따라 각기 다른 의미로 사용되어 왔다. 2장 2절에서는 법교육과 법의식의 의미를 확인하고 법교육의 효과에 관한 선행연구들을 살펴본다. 특히 사회심리학의 '태도' 개념을 적용하여 법의식의 개념을 재정의하는 과정에서 법의식의 개념과 구성요소 등을 보다 명확하게 정리할 수 있을 것이다. 2장 3절에서는 이상의 이론적 고찰을 바탕으로 연구분석틀을 구성한다. 앞서 다루었던 청소년 비행 원인론과 법의식 개념을 결합하여, 법의식에서 청소년의 비행억제와 관련되어 있는 요인들을 추출해 낸다. 즉, 법교육을 통해 이 '비행억제요인'들이 어떻게 변화하는지 확인하는 것으로 전체적인 연구의 틀을 구성하게 되는 것이다.

3장에서는 본 연구에서 사용된 연구 및 분석방법을 설명한다. 기존의 법교육 연구들은 프로그램 평가 차원에서 연구가 진행된 경우가 많아 실험연구의 요건을 충족시키지 못한 경우가 많았다. 그러나 본 연구는 처음부터 연구를 전제로 대상이 선정되고 프로그램이 실시되어 학문적 엄밀성을 높였다.

4장에서는 실제 연구과정에서 사전, 사후검사를 통해 발견된 사실들을 설명하고 그 의미를 해석해 본다. 마지막 5장에서는 본 연구의 연구결과들을 요약하고 이러한 결과들이 갖는 의의에 대해 논의해 볼 것이다.

3. 연구의 의의 및 한계

본 연구는 다음과 같은 이론적, 실천적 의의를 지닌다.

첫째, 본 연구는 엄밀한 변인통제와 장기간의 실험을 통해 법교육이 법의식에 미치는 영향을 경험적으로 검증한 연구로 의미를 지닌다. 기존의 이론적 연구나 유사경험적 연구와 달리 법교육의 효과를 세밀하고 정확하게 파악할 수 있으며 이를 통해 법교육이 왜, 어떻게 이루어져야 하는지에 대한 시사점을 제공할 수 있다.

둘째, 법교육의 효과를 측정하기 위한 기준으로 법의식의 개념과 구성요소를 제시하였다. 사회심리학적 태도의 개념을 응용한 법의식의 척도화는 법교육의 목표와 방향을 제시하는 동시에 법교육 관련 연구의 활성화에도 기여할 수 있을 것이다.

셋째, 본 연구에서는 법교육이 가장 직접적이고 커다란 영향을 미칠 수 있는 비행청소년을 대상으로 효과를 검증하였다. 미국의 법교육 프로그램들에서는 '위기의 청소년'(youth at risk)에 대한 관심과 연구가 커다란 비중을 차지하고 있으나 국내의 법교육 연구들은 주로 일선 학교에서 실험과 연구가 이루어지다 보니 일반 학생들을 대상으로 한 연구가 대다수였다. 본 연구를 통해 법교육이 비행청소년들에게 미치는 영향을 확인하고 청소년 선도 프로그램으로서 법교육의 가능성을 타진해 볼 수 있을 것이다.

한편 이 연구는 연구의 대상과 방법 면에서 다음과 같은 한계와 과제를 지니고 있기도 하다.

첫째, 남녀가 분리 수용되는 소년원의 특성상 한 소년원에서는 하나의 성(性)에 대한 연구만이 가능했다. 본 연구에서는 여자비행청소년만을 대상으로 연구하였으므로 이와 같은 연구결과를 비행청소년 전체로 일반화하기는 어렵다는 한계를 가지고 있다. 따라서 남자 소년원에 대한 후속 연구가 이루어질 필요가 있다.

둘째, 장기간의 연구기간과 연구조건에 맞는 샘플을 선정하다 보니 연구대상의 숫자가 상대적으로 적다는 한계를 가지고 있다. 전국 유일의 여자 소년원으로 표본의 대표성은 어느 정도 확보할 수 있으나 비행청소년 전체의 숫자를 고려해 봤을 때 40명이라는 표본크기가 적절한가에 대해 의문이 제기될 수 있다. 그러나 서베이가 아닌 실험연구의 특성상 표본이 어느 수준 이상으로 커질 수 없으며 연구 당시 전국 기준으로 소년원에 수용 중인 여자청소년의 숫자가 90명이었음을 고려해 보면 타당성을 지닐 수 있는 표본크기로 보인다.

셋째, 법교육 방식의 특성에 따른 효과가 고려되어야 한다. 본 연구에서는 법교육이 비행청소년의 법의식을 개선시킬 가능성을 확인하기 위해 다양한 법교육 방법들을 복합적으로 사용하였다. 따라서 어떠한 법교육 방법이 어떤 요인의 강화에 기여하는지 확인할 수 없었다. 법교육의 방법론을 검증하는 후속 연구들을 통해 이러한 부분이 좀 더 세밀하게 다루어질 필요가 있다.

이러한 한계들은 일정부분 연구 자체가 가지고 있는 제한점이기도

하지만, 그보다는 다양한 후속 연구들의 필요성을 제기하는 일종의 문제제기의 성격이 강하다. 따라서 앞으로 이어지게 될 법교육과 관련된 경험적 연구의 기반으로서 본 연구가 중요한 계기를 마련할 수 있을 것으로 기대된다.

Ⅱ. 이론적 배경

1. 청소년 비행과 법교육

법교육이 청소년 비행에 미치는 영향을 확인하려면 청소년 비행의 개념과 원인을 먼저 살펴보아야 한다. 본 장에서는 청소년 비행의 개념과 특징을 확인하고, 비행이 왜 발생하며 어떤 경우에 억제될 수 있는지에 관한 기존의 연구들을 확인할 것이다. 또한 법교육이 청소년 비행에 미치는 영향에 관한 선행연구들과 그 한계를 밝혀 본 연구의 연구방향을 설정할 것이다.

1) 청소년 비행의 의미와 특징

(1) 청소년 비행의 개념

청소년 비행의 개념을 다루기에 앞서, '청소년'이 의미하는 바를 명확히 할 필요가 있다. 일반적으로 발달심리학에서는 아동과 청소년 혹은 청년이라는 용어를 분리해서 사용한다. 국내에서 발달단계별로 적용되는 용어를 살펴보면 연구자에 따라 연령기준과 단계명칭의 차이가 있기는 하지만 대체로 0~2세를 "영아기", 3~5세를 "유아기", "아동초기" 혹은 "학령전기", 6~12세를 "아동중기" 혹은 "학령기", 12, 3~18, 9세를 "청년초기", 18, 9세부터 결혼까지를 "청년후기"로 지칭하며, 각 단계에 있는 개인들의 예들에서도 유사한 분류를 하고 있으며 각 단계에 있는 개인들을 지칭할 때는 순서대로 "영아", "유아", "아동", "청소년", "청년"이라 한다. 외국의 예들에서도 유사한 분류를 하고 있으며 앞에서 제시한 단계에 대한 명칭을 순서대로 제시하면 "infancy", "preschool" 혹은 "early-childhood", "middle-childhood", "adolescence" 그리고 "young adulthood" 를 일반적으로 사용하고 있다(청소년보호위원회, 2000). 이러한 분류에 따르자면 '청소년'은 12, 3세~18, 9세 사이의 사람들을 가리키는 용어이다.

현재 법규상 청소년과 관련된 용어는 연령과 관련하여 각 법률에 따라 '청소년', '연소자', '미성년자', '아동' 등 다양하게 정의되고 있다. '청소년'이라는 명칭을 법률에서 사용하고 연령범위까지 함께 정의한 법률로는 '청소년보호법'과 '청소년기본법'이 있다. 청소년보호법에서는 청소년의 연령을 19세 미만으로 규정하고 있으며 '청소년기본법'에는 9~24세 청소년을 정책대상으로 규정하고 있다. 이와 달리 '소년'이라는 명칭을 사용하는 법률은 '소년법'과 '소년원법'이 있는데, 소년법에서는 20세 미만자를 소년으로 규정하고 있다.

비행은 사전적으로 "도리나 도덕 또는 법규에 어긋나는 행위"를 의미하지만 성년에게는 적용되지 않고 청소년에게만 적용된다는 특성을 가지고 있고 범죄학, 사회학적으로는 좀 더 다양하게 정의되고 있다.

또한 '비행'이라는 용어는 정신의학 및 심리학분야에서는 '품행장애' (conduct disorder)라는 용어로 대체되어 사용된다. 품행장애란 "타인의 기본적인 권리 혹은 연령에 적합한 주요 사회적 규범이나 규칙을 어기는 반복적이고 지속적인 행동패턴"을 말한다(DSM-Ⅳ).[4] 이것은 사회적 친화성의 존재 여부와 공격적 행위의 존재 여부에 따라 ① 사회화되지 않은 공격형 ② 사회화되지 않은 비공격형 ③ 사회화된 공격형 ④ 사회화된 비공격형 등 4가지 유형으로 구별된다.

---

4) 세계보건기구(World Health Organization, WHO)에서는 1955년 국제 질병 분류체계 제7판(ICD-7)에서 청소년 비행(juvenile delinquency)을 소아기에 나타나는 행동 장애의 하나로 간주하고 질병으로 분류하기 시작하였으며 1992년 제10판(ICD-10)에서 품행장애(conduct disorder)라는 용어가 사용되어 현재에 이르고 있다. 의학 영역에서는 이렇게 청소년 비행을 여러 가지 원인에서 비롯된 유사한 증상을 보이는 하나의 질환으로 간주하고 있다(송광섭, 2003: p.198).

사회학 분야에서는 규범을 전제로, 비행 대신에 '일탈행위'라는 용어를 자주 사용한다. 일탈행위란 일반적으로 기대되는 행위와 모범적 행위에서 벗어나는 행위를 말한다(박상기 외, 2001: p.10). 이러한 일탈의 범주에는 속임수, 야바위, 배신, 기만, 새치기 등 다양한 범죄행위들이 포함될 수 있다. 또 비행과 유사한 의미로 사용되는 '반사회적 행동'이라는 용어도 있다. 반사회적 행동이란 타인에게 신체적 혹은 정신적인 해를 가하거나 재산상의 손실을 입힘으로써 사회의 규칙을 어기는 행동을 지칭한다. 대체로 반사회적 행동이란 사회에 해로운 결과를 초래하는 행동들에 대해 포괄적으로 사용되며 여기에는 절도나 기물파괴행위(vandalism)와 같은 법에 저촉되는 행위뿐만 아니라 거짓말하기, 무단결석, 싸움하기 등 법에 크게 저촉되지 않는 행위들도 포함된다(송광섭, 2003: pp.198-199).

일반적으로 받아들여지는 청소년 비행의 개념은 범죄학적 의미에서의 비행개념이다. 범죄학에서는 비행을 '범죄적 비행'(index offenses)과 '지위비행'(status offenses)으로 구분한다. 범죄적 비행은 형벌 법규에 규정된 범죄행위를 한 범인이 청소년일 경우를 의미하며, 지위비행은 성년이 행위하였을 경우에는 문제가 되지 않으나 청소년이기 때문에 문제시되는 행위를 말한다. 예를 들어 가출, 무단결석, 연령 미달자의 음주 및 흡연 등 비교적 심각성이 덜하면서 청소년이라는 지위에 걸맞지 않는 문제행위들이 지위비행에 포함된다(김준호·이동원, 1996: pp.19-27).

우리나라의 경우 소년법 제4조에 의하면 소년법상 보호사건의 심리 대상이 되는 비행소년을 다음 세 가지 범주로 구분한다. 첫째, '범죄소년'은 14세 이상 20세 미만의 소년으로서 형벌법령에 저촉되는 행위를 한 자로 형사책임이 있는 청소년을 말하며 둘째, '촉법소년'은 12세 이상 14세 미만의 소년으로 형벌법령에 저촉되는 행위를 한 자이지만 형사책임 능력이 없는 경우이고 셋째, '우범소년'은 12세 이상 20세 미만의 소년으로서 그의 성격 또는 환경에 비추어 장래 형벌법령에 저촉되는 행위를 할 우려가 있거나 보호자의 정당한 감독에 복종하지 아니하는 성벽이 있거나, 정당한 이유 없이 가정에서 가출하거나, 범죄성이 있는 자 또는 부도덕한 자와 교제하거나 자기 또는 타인의 덕성을 해롭게 하는 성벽이 있는 자 등 장래 범법을 할 우려가 있는 자를 말한다. 이 중 범죄소년과 촉법소년은 '형벌법령에 저촉되는 행위를 한 자'로서 행위를 중심으로 한 개념이지만 우범소년은 현재의 가시적인 행위가 아니라 잠재적 행위를 포함한다는 점에서 행위자를 중심으로 한 개념이라고 볼 수 있다(양종국·지용근, 2002: pp.355-356).

앞서 살펴본 정신의학적, 심리학적, 사회학적 개념의 '비행청소년'은 그 범위가 지나치게 넓고 명확한 한계를 설정할 수 없다는 점에서 연구 시 모집단이 불분명해진다는 한계를 가지고 있다. 따라서 본 연구에서는 범죄학적 의미에서의 비행청소년 개념을 받아들여 비행청소년을 '소년법에 의한 보호처분을 받고 소년보호교육기관에서 현재 교육을 받고 있는 청소년들'로 정의하였다. 보호처분은 국친사상[5]의 이념 아래 비행을 일으키는 소년들에 대해서 가정법원 소년부 판사가 1호 처분(보호자에게 보호), 2호 처분(보호관찰 6개월 미만), 3호 처분(2년간 보호관찰), 4호 처분(6개월 이내 사회 내 시설), 5호 처분(병원이나 요양소), 6호 처분(6개월 미만 소년원), 7호 처분(19개월 미만 소년원)을 내리는 것이다. 본 연구에서는 이 중 6호, 7호 처분을 받고 소년원에서 교육을 받고 있는 비행청소년을 연구대상으로 하였다.

(2) 청소년 비행의 현황과 특징

지난 5년간(2000년~2004년) 국내 총 범죄는 매년 증가추세에 있는

---

5) 국친사상(parens patriae)은 국가가 모든 국민의 보호자라는 생각이다. 따라서 부모가 없거나, 있어도 자녀를 보호해 줄 수 없는 경우에는 국가가 부모를 대신해서 보호를 해주어야 한다고 본다. 소년 비행의 대부분은 소년에 대한 보호작의 적절한 물질적, 정신적 보호의무가 이해되지 않았기 때문에 발생하므로 비행청소년에 대해 국가가 보호자를 대신해서 보호의무를 이행해야 한다는 사상이다(김보환, 1992)

반면 청소년범죄는 매년 감소추세를 보이고 있다. 대검찰청의 자료에 따르면 총 범죄 대비 청소년범죄의 구성률은 2000년에 6.5%였던 것이 2004년에는 3.6%로 절반수준까지 감소한 것으로 나타났다. 이러한 비율감소는 총 범죄가 증가추세에 있기 때문에 통계적인 영향을 받은 점도 있으나 청소년범죄의 발생건수 자체도 5년 사이 약 6만 건 정도 줄어들어 분명한 비행 감소추세를 보이고 있다.

〈표 1〉 총 범죄 대비 청소년범죄 구성 현황

연 도 \ 구 분	2000	2001	2002	2003	2004
총 범죄	2, 329, 134	2, 426, 050	2, 416, 711	2, 441, 267	2, 606, 718
소년범죄	151, 176	138, 030	123, 921	104, 158	92, 976
구성비율(%)	6.5	5.7	5.1	4.3	3.6

* 청소년백서, 2005: p.240

2004년 소년범죄의 유형별 분포상황을 살펴보면 폭력범이 32.2%, 재산범이 34.9%, 교통사범이 24.1%, 살인·강도·강간 등 강력범이 3.1%를 차지하고 있다. 그러나 앞서 살펴보았던 청소년 비행의 감소추세는 각 범죄유형에 상관없이 전 영역에서 나타나고 있다. 유형별 청소년범죄의 현황은 다음과 같다.

그러나 이러한 통계를 바탕으로 우리나라의 청소년 비행문제가 개선되고 있다고 단정하기는 어렵다. 다음 그림에서 확인할 수 있는 바와 같이 지속적인 출산율 저하의 영향으로 전체 인구 가운데 청소년인구의 비중은 급격하게 줄어들고 있다. 따라서 청소년범죄 건수의 감소는 이러한 인구의 자연감소에 일정부분 영향을 받았을 것으로 예측해 볼 수 있다.

〈표 2〉 청소년범죄 유형별 현황

구 분 \ 연 도	2000	2001	2002	2003	2004
강력범	4, 421	3, 479	2, 699	2, 868	2, 877
폭력범	56, 711	51, 095	39, 911	31, 532	29, 940
재산범	39, 834	33, 822	37, 981	36, 049	32, 487
교통사범	42, 537	41, 869	36, 006	26, 022	22, 452
기 타	7, 673	7, 765	7, 324	7, 687	5, 220

* 청소년백서, 2005: p.240
(* 강력범 – 살인, 강도, 강간, 방화 · 실화 / 폭력범 – 폭행 · 상해, 공갈, 기타 / 재산범 – 절도, 횡령 · 배임, 장물, 사기)

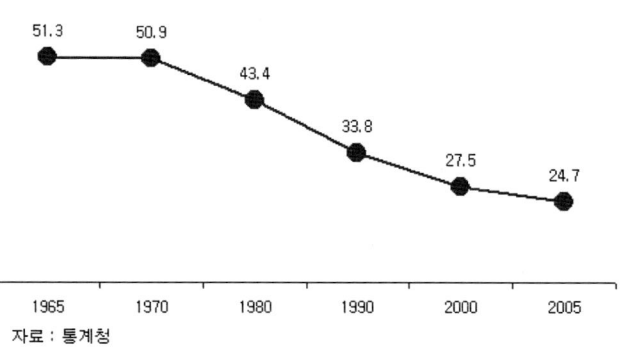

18세 이하 인구 비중 추이(%)

자료 : 통계청
* 통계청, 2006

〈그림 1〉 18세 이하 인구 비중 추이

또한 인권이 강조되는 사회적 분위기에 따라 경찰이나 법원에서 훈방이나 보호관찰 등 사회 내 처우를 선호하여 공식적인 통계에는 포함되지 않는 측면도 있다. 실제로 청소년들의 비행 · 일탈에 관한 보건복지부의 통계(2006)를 보면 음주, 흡연, 가출 등 형벌 법규에 저촉되지 않는 지위비행은 큰 폭으로 증가하고 있음을 알 수 있다. 음주의 경우 고등학생 77.9%, 중학생 39.4%, 초등학생 33.0%가 음주를 하고 있으며 매월 정기적으로 음주를 하는 학생들의 숫자도 고등학생 55%, 중학생 15.9%, 초등학생 9.4%로 매우 높은 수치를 보였다. 흡연 청소년의 비율도 증가하고 있으며 특히 그 연령이 매우 낮아지고 있다. 남자 중학생의 경우 1991년엔 흡연율이 3.2%였지만 2005년 현재 4.2%로 늘었다. 여중생 흡연율은 1991년 1.2%에서 2005년 3.3%로 증가폭이 더 크다. 가출 연령도 낮아지고 있다. 2003년까지는 가출률이 가장 높은 나이가 16세였지만 2004년 들어서 15세로 낮아졌다. 특히 초등학생의 가출이 눈에 띄게 늘었다. 9세의 가출 건수는 2002년 442건, 2003년 519건, 2004년 680건으로 해마다 늘고 있다. 12세 역시 2001년에 580건에 불과하던 가출 건수가 2004년에 1,002건으로 3년 새 2배나 늘었다. 이렇게 통계상 지위비행만이 갑자기 증가하고 범죄적 비행은 대폭 감소했다는 것은 모순된 측면이 있다. 따라서 비행에 대한 사법적 처리에 사회적 분위기가 영향을 주고 있음을 간접적으로 확인할 수 있다. 실제로 적발된 건수만을 기준으로 할 경우 청소년 성매매 범죄는 2001년 1,255건, 2002년 1,270건, 2003년 1,349건, 2004년 1,593건으로 해마다 늘고 있다.

　최근의 청소년범죄의 특징은 만 18세~19세 범죄의 비중이 커질 뿐 아니라 그 증가속도가 매우 크다는 점이다. 1995년 전체 청소년범죄 중 18~19세 청소년범죄의 비율은 35.1%나 2000년의 경우에는 41.8%로 늘어났고, 1995년 18~19세 청소년범죄를 100으로 할 때 2000년에는 138로 늘었다. 또한 범행의 동기가 더 불분명해지는 경향을 보이고 있다. 대검찰청 통계자료를 보면 우발적인 동기로 범행을 한 경우가 1995년 전체 청소년범죄의 23.5%에서 2000년 27.5%로 증가했다. 또한 기타나 미상과 같이 범행 동기와 원인이 명확하지 않은 경우가 전체 대비 38.6%에 달한다.

　이와 같이 청소년범죄의 전체적인 건수는 감소하고 있으나 이는 사회적 변화에 영향을 받은 측면이 있고 지위비행을 중심으로 한 청소년 비행은 오히려 증가추세에 있다. 또한 비행의 연령이 낮아지고 경제적 어려움 등 전통적인 비행의 원인보다는 비행의 원인이 명확하지 않은 경우가 증가하고 있다는 특징을 보이고 있다. 이러한 현상은 뒤에서 다루게 될 사회통제이론을 통해 사회적 유대의 약화로 일정부분 설명할 수 있을 것으로 보인다.

(3) 여자비행청소년의 특징

이제 본 연구에서 대상으로 삼고 있는 여자비행청소년의 특징에 대해 좀 더 자세히 알아보도록 하자. 일탈행동론에서는 일반적으로 범죄가 사회적으로 소외된 계층에서 많이 발생한다고 알려져 있다. 따라서 경제적 하층계급이나 젊은 청소년층, 인종적으로 차별받는 계층에서 범죄를 많이 저지르는 것으로 나타난다. 그러나 성(性)의 문제는 이러한 일반론에서 예외적인 현상을 보이고 있다. 즉, 사회적으로 약자인 여성이 남성보다 범죄에 더 많이 관여할 것이라는 가정이 성립하나 현실은 그 반대로 나타나, 우리나라의 경우 전체 범죄 중 여성범죄가 차지하는 비율은 10%에도 채 미치지 못하고 있는 것이다.

이렇게 여성들의 범죄율, 비행률이 상대적으로 낮은 이유에 대해서는 다양한 관점에서 연구들이 이루어져 왔다. 먼저 여성들이 사회에 참여하는 성역할(sex-role)과 관련된 차원에서 설명하려는 시도가 있다. 즉, 여성들은 사회적으로 참여하는 역할의 비중 자체가 적거나 소비자의 역할에 국한되어 있기 때문에 비행을 저지를 기회가 처음부터 적게 주어진다는 것이다. 상점이나 가게에서의 들치기, 신용카드 사기라든가 자기앞수표 부도 등과 같은 행위들은 여성이 소비자 역할을 수행하면서 비롯되는 비행들이며 이와 같은 재산관련 범죄가 여성비행의 상당부분을 차지한다. 한편 여성에게는 비교적 드문 범죄들로서 무장 강도, 조직폭력, 대규모 횡령 등은 육체적인 힘 또는 경제와 관련된 기회와 연결되어 있기 때문에 전형적인 남성의 성역할과 더 관계가 있다고 할 수 있다(Anderson, 1988). 이러한 설명은 최근 여성비행률의 증가 원인을 성역할 변화에서 찾고 있다. 즉, 전통적 성역할 수행의 변화가 결과적으로 여성으로 하여금 비행에 가담할 기회를 확대시키고 의식과 태도의 변화를 가져온다고 보는 것이다.

다음으로 성역할 사회화(sex-role socialization)가 비행과 갖는 관련을 통해 설명하려는 시도가 있다. 즉, 소년들은 비행을 허용하는 태도와 관심, 인성을 갖도록 사회화되는 반면 소녀들은 비행을 억제하는 태도와 이해, 심성을 갖도록 사회화된다는 것이다. 여자아이들은 좀 더 엄격한 기준에 동조하도록 가르침을 받고 그에 따라 보상을 받지만, 남자아이들은 동조하도록 요구되어도 많은 관습적인 기준들은 오히려 무시, 거부하는 데에 보상이 주어지는 경우가 많다. 또한 이러한 성역할 기대 때문에 남성비행보다도 여성비행에 대해 더 많이 비난한다고 한다. 모리스(Morris, 1965)도 소녀들은 그들의 비행을 부정하는 경향이 많은 반면에 소년들은 비행에 대해 자부심을 나타내기도 한다고 밝혔다. 즉, 여성성(femininity)은 행위에 대한 통제로서 개념화되지만, 남성성(masculinity)은 오히려 비행과 친화력이 있다는 것이다. 또한 이와 관련된 연구로 남자인가 여자인가라는 생물학적 성보다는 성차별적 사회화 또는 성역할기대에 대한 동조성(conformity)에 따라 비행경향에 차이가 생긴다는 연구도 있다.

그러나 오히려 여성범죄와 관련된 통계상의 신뢰성 문제나 관대하고 자의적인 법집행을 문제 삼는 경우도 있다. 즉, 주로 성(sex)과 관련된 범죄가 많은 여성범죄의 특성상 수치의 신뢰성과 정확성을 거의 믿지 못할 정도로 심하게 은폐되거나 감추어진 부분이 많으며, 주로 남성들이 근무하는 형사사법 기관에서 여성에게 관대한 처분이 자의적으로 내려지는 경우가 적지 않다는 것이다(최영인·염건령, 2005: p.32). 아직 우리나라에서는 여성을 대상으로 하는 형사사법기관의 관대한 법집행에 관해 엄밀한 연구가 이루어지진 못했으나 다른 나라의 사례에서

(Cain, 1990) 같은 유형과 유사한 내용의 범죄를 여성과 남성이 동시에 저질렀을 때 여성에게 훨씬 관대한 처분이 내려졌다고 밝혀진 바도 있다. 또한 미국 청소년 비행 통계에 대한 성별 간 분석에서도 여자청소년 비행은 공식적으로 처리되기보다는 보호관찰 등 사회 내 처우인 경우가 많고 시설 내 처우인 경우는 남자청소년에 비해 상대적으로 적은 것으로 나타나고 있다(Poe-Yamagata & Butts, 1996).

그러나 최근 여성범죄에 대한 관심과 사회적 우려는 매우 높아지고 있다. 여전히 남자 청소년들이 많은 비행을 저지르지만 상대적으로 여자청소년의 비행 증가속도가 남자 청소년보다 빠르게 나타나고 있기 때문이다. 우리나라에서는 성별로 구분되어 범죄율을 비교한 자료가 없어서 확인하기 어려우나 미국의 경우 1989년에서 1993년 사이에 남자 청소년의 폭력행위 체포증가율은 33%인 데 반해 여자청소년은 55%였고, 전체적인 체포증가율은 남자 청소년이 11%인 데 반해 여자청소년은 23% 증가하여 여자청소년이 남자청소년의 두 배를 상회했다. 또한 재비행률도 여자청소년들이 남자청소년들보다 높은 것으로 나타났다(Poe-Yamagata & Butts, 1996). 또한 여자가 더 어린 나이에 비행을 시작하며 더 오래 비행을 지속한다는 연구결과도 있다. 탈링(Tarling, 1993)은 1990년 통계자료치를 기준으로 할 때, 남성은 만 18세, 여성은 만 15세에 가장 높은 범죄발생률을 보이며, 남자는 10대 후반을 전후로 범죄발생률이 급감하지만 여자는 오히려 20대 중후반까지 높은 비율이 이어지다가 완만하게 범죄발생률이 감소함을 밝혀냈다.

그렇다면 비행을 촉진 혹은 억제하는 요인도 남녀 간에 차이가 있을까? 김준호(1995)는 앞서 설명된 여자비행청소년의 특징들을 경험적으로 확인하기 위해 소년원에 수용된 학생들을 중심으로 집단면접을 실시했다. 이 연구는 본 논문에서 실험이 이루어졌던 정심여자정보산업학교(구 안양소년원)의 학생들을 대상으로 했다는 점에서 특히 주목할 만하다.

연구결과 두 가지 사실이 밝혀졌다.

첫째, 여성범죄를 설명하는 수단으로 전통적으로 사용되어 온 남성성과 여성성은 제한적으로 이해되어야 한다는 것이다. 일반적으로 남성성은 범죄를 촉진시키고 여성성은 범죄를 통제하는 방향으로 작용한다고 받아들여져 왔다. 그러나 연구결과 남성적 특성이 대체로 모든 비행과 유의미하게 관계된다는 것은 확인되었으나, 여성성이 비행에 대한 통제로서 개념화될 수 있다는 것은 오로지 여성에게만 그러하며 남성에게는 행위에 대한 통제로 작용하지 않는다는 것이다. 또한 여성성의 형성에는 부모의 양육태도와 가정환경이 큰 영향을 미치므로 결과적으로 여자청소년들의 비행은 부모의 양육태도와 가정환경에 깊은 연관성을 가지나 남자청소년은 그렇지 않은 것으로 나타났다. 즉, 가정환경이 좋고 부모자녀관계가 원만하며, 학대나 차별을 별로 받지 않은 경우, 여자아이들은 여성적인 성격을 가질 가능성이 많으므로 비행 통제 효과를 가지나 그 반대인 경우 여자아이들도 남성적 성격을 지닐 가능성이 있으므로 비행 가능성이 높아진다는 것이다(김준호, 1995: p.174).

둘째, 여자청소년의 비행예측지표로서 '자아존중의식'이 매우 유효하다는 것이 밝혀졌다. 일반적으로 낮은 자아존중의식이 비행에 연관된다고 알려져 있으나 이 연구에 따르면 남자아이들의 경우에는 자아존중의식의 여부가 비행과는 별로 관련이 없었다. 반면 여자아이들의 경우 낮은 자아존중의식이 비행과 높은 연관성을 지닌 것으로 나타나 여자청소년들의 비행을 설명하는 데 유용한 지표로 확인되었다. 이런 성별 차이의 원인은 명확히 밝혀지지 않았지만 여성이 사회적인 반응에 더 민감하기 때문에 비행자로서의 낙인이나 부정적인 반응을 내면화시키는 경우가 많기 때문으로 추론해 볼 수 있다(김준호, 1995: p.167).

여자청소년 비행은 남자청소년보다 그 양이나 심각성에서 매우 낮은 수준이나 최근 그 증가속도가 매우 빨라지고 연령도 낮아지며 재비행률이나 지속성이 높은 것으로 나타나 사회적인 관심사가 되고 있다. 이러한 여자청소년 비행에는 가정환경과 자아존중의식이 큰 영향을 미치는 것으로 나타나 비행 원인 일반에 대한 관심과 함께 이 두 측면에 대해 좀 더 깊은 고려와 대책이 필요할 것으로 생각된다.

2) 비행 관련 이론 및 연구 개관

청소년 비행의 원인에 관한 연구는 다양하게 전개되어 왔다. 그러나 청소년 비행의 원인을 완전하게 설명해 주는 단일한 이론은 존재하기 어렵다. 다양한 청소년 비행 관련 이론들은 청소년 비행문제의 여러 측면들을 보여주고 있는 것으로 이해될 수 있으며 이러한 이론들을 종합적으로 받아들일 때 비로소 청소년 비행문제에 대한 상을 정립할 수 있을 것이다. 이러한 연구경향들을 크게 나누어 보자면 비행의 원인을 청소년 개인에게서 찾는 개인중심이론들과 청소년을 둘러싸고 있는 사회 환경 및 환경과의 상호작용에서 원인을 찾는 사회중심이론들로 구분해 볼 수 있다. 또한 이러한 이론들을 종합하여 직접적으로 비행에 영향을 주는 요소들을 찾는 위험요인, 보호요인, 재활요인에 관한 연구들도 최근 등장하고 있다. 본 절에서는 청소년 비행과 관련된 법의식 요소들을 추출하기 위한 기초 작업으로 다양한 비행 관련 이론들을 검토해 볼 것이다.

(1) 청소년 비행에 대한 개인중심이론

청소년 비행에 관한 개인중심이론에는 고전이론, 생물학적 이론, 심리학적 이론 등을 들 수 있다. 고전이론은 청소년 비행이 결과에 대한 개개인의 합리적 판단과정을 통해 선택된 것이라고 주장한다. 이에 비해 생물학적 이론과 심리학적 이론은 비행의 원인을 청소년 개인 내부의 생물학적, 심리학적 특성에서 찾고자 한다. 각각의 이론들이 주장하는 바를 간단히 살펴보도록 하자.

고전이론은 주로 초기 범죄이론과 연관되어 있다. 초기 범죄이론은 모든 인간이 자유의지와 사고능력에 따라 행동한다는 믿음에서 출발했다. 즉, 인간은 일정한 목표를 성취하기 위해 행위를 하며, 자기 행위의 결과에 대한 합리적 사고를 통해 무엇이 이로운지, 해로운지에 대한 판단을 하고 이에 따라 행동한다는 것이다. 이러한 생각에 따르자면 범죄자는 자신의 불법적 행위가 가져올 이익과 처벌을 충분히 계산한 후에 자신의 자유의지를 사용하여 어떤 행동을 할지 선택하고 행동한 것이라고 볼 수 있다. 따라서 이러한 고전이론을 '합리적 선택이론'(rational choice theory) 또는 '선택이론'(choice theory)이라고 한다(이해주 외, 2006, p.22).

고전이론에 따르자면 결국 청소년 비행은 쾌락과 고통 사이에서 청소년이 합리적으로 선택을 한 결과라고 볼 수 있다. 따라서 청소년 비행을 억제하기 위해서는 청소년들이 불법행위로 인한 쾌락을 선택하지 않을 만큼 충분히 가혹한 처벌이 가해져야 한다는 주장이 가능하다. 이때 처벌은 자신이 행한 행동에 대한 응보의 역할뿐 아니라 비행이나 범법행위를 사전에 제어하는 예방적 효과도 갖게 되는 것이다. 그리고 이때 합리적인 선택능력이 없는 아동이나 정신병자는 처벌에서 제외되어야 한다는 주장도 가능하다. 고전이론의 이러한 주장을 이어받은 신고전이론에서는 잠재적인 문제 청소년들에게 비행이 강력히 처벌받을 것임과 비행에서 얻어지는 이익이 그러한 처벌의 위험을 감수할 만큼 가치 있는 것이 아니라는 점을 인식시키는 전략을 통해 청소년 비행을 억제할 수 있다고 주장한다(Siegel & Welsh, 2005).

이러한 관점에 따르자면 청소년 비행예방 및 교정을 목적으로 하는 법교육은 법을 어겼을 때의 처벌과 불이익이 얼마나 신속하고 정확하게 이루어지며 그 대가가 큰지 인식시키는 전략과 함께, 반대로 법을 준수했을 때의 장점을 부각시키는 방식으로 이루어져야 할 것이다. 전자를 '직선적 위협'(scared straight) 전략이라고 한다면 후자를 '이솝우화형'(emperor's clothes) 전략이라고 할 수 있을 것이다. 그러나 이런 접근방식은 여러 가지 부작용을 가져올 수 있다.[6] 또한 처벌의 확실성이 존재할 경우에도 여전히 청소년들은 비행을 저지르고 있다는 것을 충분히 설명할 수 없다는 한계를 지니고 있다.

고전이론을 비판하는 이들은 행위가 자유의지가 아니라 인간의 정신적, 신체적 구조에 따라 선택된다고 주장했다. 즉, 비행청소년 개개인에게 비정상적인 정신적·신체적 특성이 있으며 비행은 이러한 특성들 때문에 발생한다는 설명이다. 이러한 경향을 대표하는 이론이 생물학적 이론과 심리학적 이론이다.

생물학적 이론은 인간의 성격, 체질, 지능 등 제반 특성이 유전의 영향을 받는 것처럼 비행도 신체, 지능, 기질, 신경 그리고 염색체 등 유전적으로 전달되는 생물학적 인자의 영향을 받고 있다고 보는 이론이다. 즉, 생물학적 이론은 범죄나 비행이 신체적 결함, 체형, 저지능, 특정한 기질, 염색체나 신경학적 이상에 의해 발생된다고 주장하고 있다. 대표적인 학자로는 범죄인의 특성을 특정한 유전인자를 들어 설명하면서 그것과 범죄행동 간의 인과관계를 밝히려고 한 롬브로조(Lombroso)를 비롯하여, 쌍생아연구를 통하여 유전적 인자가 범죄인을 만드는 결

---

6) 법교육에 대한 접근 방법은 학습 경험에 따라 크게 3가지 범주로 구분할 수 있다. 학습자의 준법의식을 형성하기 위해 위반 시의 처벌을 강조하는 '직선적 위협형'(Scared Straight Approach), 이와 반대로 법을 지켰을 때의 장점을 긍정적, 이상적 관점에서 제공하는 '이솝우화형'(Emperor's Coltohes Apporach) 그리고 부정적 성격과 긍정적 성격이 뒤섞인 법 현실을 그대로 제공해 주는 '참여학습형'(Participarory Approach) 등이 그것이다(Fox, 1997). 직선적 위협형은 처벌에 대한 공포는 점차 완화되며 처벌보다 더 큰 이익이 있을 경우 언제라도 법을 어길 수 있다는 점에서 비판받고 있고 이솝우화형은 지나치게 비현실적인 상을 제공하여 오히려 환멸을 불러올 수도 있다는 지적을 받고 있다. 참여학습형은 현실의 모습을 그대로 보여준다는 점에서는 긍정적이지만 교육적 경험을 어떻게 조직화할 것인지에 대한 전략이 없다는 문제점을 안고 있다.

정적인 요인이라고 주장한 랭(Lange), 생물학적 유전과 심리학적인 경향 그리고 사회적 행위 간의 밀접한 관계를 주장한 쉘던(Sheldon) 등이 있다. 롬브로조는 선천적으로 변경할 수 없는 범죄적 특성과 신체적 특성과의 상관관계에 관심을 가졌다. 즉, 범죄인들은 예전 조상들의 범죄적 특징을 격세유전에 의해 지니고 있는 사람들이라고 생각한 것이다. 쉘던은 태아의 형성과정에 있어서 발생하는 개인 간의 차이가 범죄와 밀접한 관계가 있는 특이한 체질과 성향을 형성하게 된다고 보았다. 즉, 범죄의 소질이 주로 세포원형질가 내배엽, 중배엽, 외배엽 중 어떤 형태를 띠는가에 달려 있다고 보았다. 따라서 범죄에 대한 효과적인 해결책은 사회적으로 해로운 형태의 체질을 가진 사람들을 제거하는 것이라고 주장했다. 그러나 생물학적 이론들은 이후 여러 연구들을 통해 비판되었다. 먼저 대부분의 비행이 정상적인 일반인들에 의하여 발생되고 있는데도 불구하고 생물학적 이론은 특정한 비행과 비정상적인 유전적 요인을 직접 연관지어 생각하는 점에 모순이 있다. 또한 많은 연구에도 불구하고 유전인자가 비행에 미치는 영향의 범위나 정도를 구체적으로 밝힐 수 있는 증거가 거의 없다. 따라서 생물학적 이론들은 아직까지 신빙성이 있는 이론으로 받아들여지지 않고 있다 (한상철 외, 1997: p.449).

심리학적 이론은 비행의 원인을 욕구불만에 따른 정서불안과 긴장, 부정적 자아의식, 반항성이나 충동성, 신경증, 지나친 외향성 등과 같은 특수한 성격요소 혹은 정신질환이나 정신장애 등 개인의 심리적 특성에 두고 있다. 대표적인 이론으로는 프로이드(Freud)의 정신분석이론, 에릭슨(Erickson)의 정체감이론, 반두라(Bandura)의 사회학습이론 등을 들 수 있다. 정신분석이론은 인격구조를 원본능(id), 자아(ego), 초자아(superego)의 3가지 체계로 이루어진 것으로 본다. 범죄는 이중 자아나 초자아가 원본능을 통제하지 못하여 원본능에 따라 행동하게 되었을 때 발생하는 것으로 보았다. 즉, 어떠한 이유에 의하여 자아의 현실음미력이 약화되거나 초자아의 형성이 부족한 경우에 범죄가 생긴다

(Freud, 1982: pp.22-23). 자아정체감 이론은 프로이드의 이론을 좀 더 발전시킨 것으로 청소년기의 정체성 발달과 비행의 밀접한 관계를 강조하고 있다. 청소년들이 정체성을 제대로 확립하지 못하게 되면 성격상 부적응 현상이 일어나 역할혼란과 좌절감에 빠지게 되고 기존의 사회가치관과 정반대되는 부정적인 정체성이나 무규범적인 자아개념을 형성하게 된다. 청소년들은 이러한 정체성 혼란에서 회피하기 위한 일시적인 수단으로서 청소년 비행을 시도하게 된다고 본다. 자아정체감 이론은 청소년의 비행이나 정서문제들을 청소년들이 성장·발달하는 과정에서 불가피하게 일어나는 지극히 정상적인 현상으로 간주한다는 특징을 가지고 있다(한상철 외, 1997: pp.275-278). 그러나 심리학적 이론 역시 청소년 비행의 원인에 대한 설명력이 매우 낮을 뿐 아니라 기존의 경험적인 연구를 통한 검증에서 상당부분 실패하였다(전쌍식, 1999: p.11). 개인의 성격요인 또는 심리학적 요인과 청소년 비행의 인과관계를 명확하게 확인할 수 없을 뿐 아니라 개인을 둘러싼 환경과의 상호작용이 중요한 요인으로 작용하게 되기 때문에 환경요소를 배제하고서는 청소년 비행의 원인을 충분히 설명할 수 없는 것이다. 따라서 청소년 비행에서 사회 환경의 영향을 강조하는 이론들이 등장하게 되었다.

(2) 청소년 비행에 대한 사회중심이론

청소년 비행에 대한 사회중심이론은 범인이 처해 있는 사회구조적 조건과 대인관계의 정도, 그리고 사회집단과 제도의 기능에서 비행의 원인을 규명하려 하며 비행을 사회적 소산으로 보고 있다. 이러한 사회학적 이론으로 머튼(Merton)의 아노미 이론에서 발전된 긴장이론과 허쉬(Hirschi)의 사회통제이론, 서덜랜드(Sutherland)의 차별적 접촉이론, 반두라(Bandura)의 사회학습이론 등을 들 수 있다. 긴장이론은 비행을 발생시키는 원인을 강조한 반면 사회통제이론은 비행이 일어나지 않도록 억제하는 요인에 관심을 가졌고 차별적 접촉이론은 사회화 과정에서 환경의 영향을 중점적으로 다루고 있으며 사회학습이론은 청소년 비행을 모방이나 학습을 통해 획득되는 것으로 간주한다(Shin Dong Yul, 2000: p.39). 청소년 비행에 관련된 사회학적 이론들을 좀 더 자세히 살펴보도록 하자.

긴장이론(strain theory)은 "누가, 왜 청소년범죄를 저지르게 되는가"라는 청소년범죄의 원인과 동기를 모색하고자 하는 '동기이론'이라는 점에서 특징을 지니고 있다. 머튼(Merton), 코헨(Cohen), 클로워드(Cloward)와 올린(Ohlin)의 이론에서 영향을 받은 긴장이론가들은 주로 하층 청소년들의 범죄를 설명하려고 했는데, 부의 획득이나 금전적 성공과 같은 사회성원들이 추구하는 목표를 달성함에 있어 제도적으로 합법화된 수단이 없는 구조적으로 열악한 환경에 놓인 하층 청소년들은 긴장과 좌절을 겪게 되고 목표달성을 위한 적응양식으로 범죄를 저지르게 된다고 주장했다. 즉, 성공하려는 열망은 높은데 현실적으로 가능한 기대수준이 낮아 그 격차가 큰 아이들일수록 좌절과 긴장을 경험하게 되어 비행이나 범죄의 가능성이 높을 것이라고 본 것이다. 따라서 긴장이론과 관련된 많은 연구들이 열망하는 직업과 현실 가능한 직업 간의 격차라든지, 열망하는 교육수준과 현실 가능한 교육수준 간의 격차를 통해 청소년 비행이나 범죄를 설명하려고 했다. 그러나 최근에 이르기까지 대부분의 연구결과에서는 열망과 기대의 격차가 청소년범죄와 큰 관련이 없으며 사회경제적 계층도 범죄와 관계가 없다고 나타나고 있다. 즉, 부나 성공의 추구에 있어 하층이 겪게 되는 구조적 긴장이 청소년범죄에 중요한 원인이 되지 못한다는 것이다(이성식, 1999: pp.193-194).

사회통제이론(social control theory)은 긴장이론과 정반대방향에서 비행에 접근했다. 즉, 인간은 누구나 일정한 범죄동기를 가지고 있다고 가정하고, 그럼에도 어떠한 이유로 대부분의 사람들은 법을 위반하지 않게 되는가에 관심을 가진 것이다. 허쉬(Hirschi)는 범죄의 결정요인이 범죄동기가 아니라 그러한 동기를 통제할 수 있는 통제기제의 여하에 있다고 보았다. 그러한 통제기제는 바로 인습적인 사회와의 유대라고 보았는데, 대부분의 청소년들은 사회와 유대를 가져 범죄를 안 하게 되지만 일부 청소년들은 사회와의 유대가 약해 쉽게 범죄를 저지르게 된다는 것이다. 허쉬는 사회유대요인으로 애착, 헌신, 참여, 신념 등을 제시했다(Hirschi, 1969).

애착(attachment)은 어느 개인이 다른 사람과 긴밀한 관계를 갖는 것을 의미한다. 높은 수준의 애착을 가질 경우 이 사람을 동경하고 동일시하여 자신의 행동에 대한 다른 이의 기대와 평가를 염두에 두게 된다. 사회통제이론은 이러한 기대와 평가에 민감한 사람일수록 비행을 덜 저지를 것이라고 예측한다.

관여(commitment)는 기존의 사회적 행동을 충실히 따라왔을 경우 비행에 참여하여 이제까지 자신이 쌓아온 업적이나 관계를 위험하게 하기보다는 규칙을 준수하게 될 것이라는 주장이다. 예를 들어 어떤 사람이 전통적인 교육 및 직업적 목표를 매우 중요하게 생각하고 이를 성취하기 위해 노력해 왔다면 비행을 덜 저지르게 될 것이다.

참여(involvement)는 학습, 운동, 가정생활 등 일반적인 사회활동에 활발하게 참여하는 것을 이른다. 즉 이런 다양한 활동들에 참여하다 보면 매우 바쁘게 움직여야 하기 때문에 비행에 빠져들 시간적, 정신적 여유가 없어진다는 것이다.

신념(belief)은 전통적 가치와 규범에 대한 지지를 의미한다. 즉, 자신이 참여하고 있는 사회의 규칙이 공평하고 공정하며 반드시 지켜져야 한다는 일반적인 믿음을 가질 경우 비행의 가능성이 크게 줄어든다는 것이다(Williamson et al, 1997: p.28).

즉, 애착은 부모나 친구 등 주위 사람들과의 애정적 결속관계를, 관여는 학업이나 직장 등 사회에서의 주요활동에 얼마나 몰두하고 투자하고 있는가를, 참여는 그 일에 시간적으로 얼마나 할애하고 있는가를, 신념은 사회의 인습적 도덕규범과 가치를 얼마나 내면화하고 있는가를 나타낸다. 긴장이론에 대한 경험적 검증에서 그 주장이 대체로 부정되었던 것과는 달리, 사회통제이론은 그동안 많은 연구들에 의해 지지되어 왔다 (Krohn & Massey, 1980, Wiatrowski & Roberts, 1981, Liska & Reed, 1985). 예를 들어 뢰버 등(Loeber & Stouthamer-Loeber, 1986)은 부모의 훈육태도와 그 밖의 다른 가족적 변수가 비행의 가장 유력한 예언요소임을 밝혔다. 또한 비아트로브스키와 로버츠(Wiatrowski & Roberts, 1981)는 유대가 가정에서뿐만 아니라 학교에서도 형성된다는 것을 밝혀내 유대의 영역을 확장시켰다. 특히 이 연구에서는 사회적 계급, 부모의 배경, 부모의 사회에 대한 애착, 가족 내 사회화, 학교에 대한 신념 등 모두가 유대와 연관되어 비행 참여의 가능성에 영향을 준다는 것이 밝혀졌다.

그러나 청소년 비행을 설명하는 대표적인 두 이론은 여러 가지 한계로 인해 조금씩 수정을 겪으면서 서로 접근, 통합되어 가고 있다. 애그뉴(Agnew, 1992)는 긴장이론의 입장에서 사회통제이론을 수용하여 '일반긴장이론'(general strain theory)을 제시했다. 일반긴장이론은 구조적 긴장에 주된 초점을 두고 있는 기존의 긴장이론에서 더 나아가 다양한 차원의 일상적 긴장을 청소년범죄의 원인으로 다루고 있다. 그는 이것을 세 가지로 요약하고 있는데, 개인이 가치 있다고 보는 부나 성공과 같은 목표달성의 실패로부터 오는 긴장, 일상생활상 주위 사람들과의 관계나 학업에 있어서의 실패로 나타나게 되는 긴장, 그 밖에 부정적인 생활사건이나 자극으로부터 발생하는 긴장을 제시하고 있다. 첫 번째 긴장은 고전적인 구조적 긴장에 관련된 내용이고 두 번째, 세 번째는 사회통제이론에서 다루어왔던 일상적 긴장으로 애그뉴는 사실상 긴장이론과 사회통제이론의 결합을 시도한 것으로 보인다. 다만 그의 연구에서도 두 번째 영역에서의 긴장이 청소년범죄와 밀접한 연관이 있는 것으로 밝혀져 여전히 사회통제이론의 설명력이 높다는 평가를 받게 되었다. 또한 애그뉴는 이러한 긴장들이 '부정적 감정'을 야기해 범죄로 나타나게 된다는 '동기이론'을 고수하고 있는데 과연 부정적 감정이 비행의 직접적 원인인지 분명하지 않다는 문제점도 지니고 있다(이성식, 1999: p.198).

　　반면 허쉬의 사회통제이론은 인간이 누구나 선천적으로 범죄동기를 갖고 있다는 극단적인 가정을 취하고 있는 것이 문제가 되었다. 이러한 가정은 인간을 기본적으로 충동적이고 사악한 존재로 이해하며, 그러한 동기가 사회에 의해 통제되는 것으로 상정하고 있으므로 개인은 대단히 수동적인 입장에 서게 된다는 한계를 가지고 있다. 따라서 이에 대한 수정으로 사회통제이론가들은 인간은 누구나 우발적인 범죄유혹과 범죄기회의 상황에 놓일 수 있다는 전제하에, 이때 합리적으로 사고하는 능동적인 존재로서 청소년이 어떻게 자신의 충동을 내적으로 통제하는지에 관심을 가지게 되었다. 즉, 합리적 선택이론의 입장에서 수정을 시도하고 있는 것이다. 합리적 선택이론에서는 범죄의 결과 나타나게 될 이득과 손실에 대한 행위자의 합리적인 판단과 사고에 범죄 여부가 달려 있다고 본다. 즉, 범죄로 얻게 되는 이득에 비추어 범죄로 야기될 주위 사람과의 관계, 현재 관여하고 있는 일, 학업에서의 손실여하에 대한 판단으로 범죄 여부가 결정된다는 것이다(Cornish & Clarke, 1986). 예를 들어 부모나 친구와의 유대가 강하고 학업에 열중하는 아이들은 범죄의 상황에서 "내가 이 상황에서 범죄를 하게 되면 부모님이 크게 실망할 거야, 친구들은 나를 비난하겠지, 대학에 가려고 열심히 공부했는데 일순간에 그것을 포기할 수는 없어"라는 생각을 하기 때문에 범죄의 가능성이 낮다는 것이다. 하지만 이미 사회적 유대가 깨진 아이들은 범죄를 하더라도 더 이상 잃어버릴 손실이 없기 때문에 우연한 범죄 상황에서도 내적 통제의 작용 없이 쉽게 범죄를 저지르게 된다고 보고 있다(이성식, 1999: pp.200-201).

　　일탈을 연구하는 사회학에서 가장 근본적인 전제는 청소년 비행이 집단현상이라는 것이다. 미국 시카고시의 비행소년 5,480명에 관한 조사에서 82%가 1명 이상의 친구와 같이 비행행위를 했다는 것을 밝혔고 쉘던 등은 비행자 500명 중 비행친구가 있는 사람이 98%이고, 비비행자 500명 중 비행친구가 있는 사람은 7%에 불과하다는 것을 밝혔다(Sheldon & Eleanor Gleuck, 1957: 전쌍식, 1999 p.18에서 재인용).

이렇게 청소년 비행이 집단적으로 발생하는 이유에 대해 청소년이 비행행위를 하였기 때문에 비행친구를 사귄다는 설명과 나쁜 친구를 사귀었기 때문에 비행행위를 하게 되었다는 상반된 설명이 가능하다. 이에 관한 경험적 연구결과들은 대체로 후자, 즉 비행친구의 영향으로 비행을 하게 되었다는 설명을 지지하는 것으로 나타나고 있다(김준호 외, 1990).

이렇게 타인과의 상호작용 속에서 범죄행위를 배우게 된다는 이론이 '차별적 접촉이론'(differential association theory)이다. 차별적 접촉이론은 일탈행동도 동조행동과 마찬가지로 문화적으로 패턴화된 행동이란 점에 초점을 맞춘다. 일반사람들이 자기가 속한 집단이나 지역의 문화를 학습하고 그것을 내면화함으로써 동조자가 되는 것과 마찬가지로, 어떠한 사람이 일탈자가 되는 것도 자기 주위의 문화양식을 습득하기 때문이라고 본 것이다. 이러한 점에서 허쉬는 차별적 접촉이론을 '문화적 일탈이론'(theory of cultural deviance)이라고 부르기도 했다. 이 이론의 핵심적 측면은 어떤 사람이 비행자가 되는 이유를 자신이 가지고 있는 합리적 사고와 법위반 행위에 대한 거부감을 넘어서는 비행에 대한 믿음과 선호를 학습했기 때문이라고 본 것이다. 즉, '비행을 선호하는 태도'가 형성되었기 때문에 비행을 저지르게 된다는 것이다.

경험적인 연구결과에서도 비행과 가장 깊이 관련된 요인 중의 하나가 비행청소년들과의 상호작용수준이라는 것이 밝혀져 차별적 접촉이론이 뒷받침되었다(Elliot, Huizinga & Ageton, 1985). 마츠다(Matsueda, 1982)는 비행친구들이 친구들을 비행에 더 많이 노출시킴으로써 비행을 저지르는 데 영향을 준다는 것을 발견했다. 또한 개인이 상대적으로 더 적은 비행친구들을 갖고 있는 경우 비행이 더 적게 일어난다는 것도 발견했다.

사회학습이론은 청소년 비행을 본능이나 욕구가 아닌 모방이나 역할모형학습을 통하여 획득되는 것으로 간주한다. 이 이론에 따르면 범죄행위는 다른 행위와 마찬가지로 동일한 심리학적인 과정을 경유하여 배우게 된다. 범죄행위는 그 행위를 지지해 주는 보상에의 노출을 통하여 학습된다. 반대로 지지를 받지 못하거나 부정적인 반응을 받은 행동들은 학습에서 제외된다. 부모를 비롯해 사회화와 관련되어 있는 사람들이 허용된 행동에 대한 반응을 강화시키고 제거하고자 하는 행위로부터는 반응을 철회함으로써 어린이의 행위를 형성시킬 수 있다는 것이다. 반두라에 따르면 비행청소년의 경우 생활공간의 영역에서 이러한 학습에 의한 심리적 분화가 충분히 이루어지지 않았으며 현재의 자신을 고립적으로 인식하고 따라서 충동에 따라 그때그때 행동하는 특징을 가진다고 한다(Bandura, 1978: p.3).

비슷한 사회학습이론의 맥락이지만 특정 가치와 규범에 대한 '중화의 기술'을 중심으로 비행을 설명하려는 시도도 있다. 사이크스와 마차(Sykes & Matza, 1957)는 비행은 정당화방법을 학습함으로써 발생하며, 학습된 정당화는 내적 통제로서 내면화된 관습적 태도와 가치들을 중화시킨다는 '중화이론'(neutralization thoery)을 주장했다. 즉, 이러한 중화의 기술을 습득하게 되면 위법적 행위에서 오는 책임감을 약화시키고 비행을 더욱 용이하게 한다는 것이다. 이러한 중화이론은 심리학에서 말하는 '인지부조화' 현상과 관련이 있다. 예를 들어 교통법규를 준수해야 한다는 사실을 아는 사람이 운전을 하다가 실수로 빨간 불에서 교차로를 지나쳤다. 이때 이 사람은 교통법규를 준수해야 한다는 인지와 자신의 행동 사이에서 불일치, 부조화를 겪게 되어 심리적인 부담을 안게 된다. 이러한 심리적 부담이 일시적이거나 작을 경우 자신의 행동을 더욱 일치시키려고 노력하는 쪽으로 조정되겠지만 자주 교통신호를 어기게 되거나 중요한 규칙에 대해 위반을 했을 경우 자신이 그렇게 행동할 수밖에 없었던 이유를 생각해 내어 죄책감을 중화시키려고 시도하게 된다. 예를 들어 너무 급한 상황이었다거나 다른 차에게 피해를 주지 않았으면 괜찮다는 생각을 가질 수도 있는 것이다. 여기까지를 '중화' 과정이라고 한다면 이러한 사고가 더욱 발전할 경우 '위법행위에 대한 지지'로까지 나아갈 수도 있다. 즉, 교통체계 자체가 잘

못되어 있으며 오히려 신호를 지키는 것이 바보라고 생각하여 적극적으로 신호를 위반하게 될 수도 있는 것이다. 우리 속담에 '바늘 도둑이 소도둑 된다'라는 말이 바로 이러한 인지부조화로 인해 위법행위가 중화단계를 거쳐 비행선호에 이르게 되는 과정을 잘 보여준다(허태균 외, 2005).

(3) 청소년 비행 원인론의 종합적 연구

이상에서 설명한 청소년 비행의 원인에 관한 개인중심이론과 사회중심이론들은 관련된 많은 이론적, 경험적 연구들을 파생시켰다. 그러나 두 가지 접근방식 모두 나름의 한계를 지니고 있었다. 개인중심이론은 개인의 심리적, 생물학적 특성을 중심으로 원인을 진단하다 보니 그러한 특성이 형성되고 또 실제로 발현되는 사회적 맥락을 배제하게 된다는 문제가 있었다. 반대로 사회중심이론은 외부로부터 형성된 자극이나 환경에 따라 개인의 행동이 형성된다고 설명하여 개인적 특성이나 심리적 요인들을 충분히 고려하지 못한다는 문제점을 안고 있었다. 실제로 청소년 비행의 문제는 각기 다른 심리적 특성을 지닌 개인이 사회적 맥락과 영향을 통해 자신의 의식을 형성하고, 다시 이에 따라 사회 안에서 행동하는 순환적 과정을 통해 이루어지는 것이다. 그러므로 순환 과정의 어느 한 축만을 집중적으로 고려하는 것은 이론적인 이해에는 도움이 되지만 청소년 비행문제의 실질적인 해결책을 제시하는 데는 한계가 있었다. 따라서 이러한 선행연구들을 바탕으로 좀 더 실질적으로 청소년 비행의 예방과 치료에 도움이 되는 자료들을 추출해 내려는 연구들이 이루어지게 되었다. 즉, 비행의 원인에서 한 걸음 더 나아가 구체적으로 어떤 요인들이 청소년의 비행에 영향을 주는지를 밝히는 것이다. 이러한 요인들을 확인할 수 있다면 이를 측정하여 비행을 예측하고, 이들을 억제 혹은 강화시키는 방식으로 비행을 감소시킬 수 있을 것으로 기대되었다. 그 결과 주로 청소년 비행과 관련된 문헌들을 바탕으로 종단적인 연구를 한 학자들에 의해 수행된 일련의 연구에서 위험요인 (risk factor), 보호요인(protective factor), 재활요인(resilence factor)의 개념들이 제안되게 되었다. 각 요인들은 앞서 살펴본 청소년 비행에 관련된 개인적 접근과 사회적 접근의 내용들을 종합하여 구성되었다.

　'위험요인'은 개인이 비행을 저지를 가능성을 높이는 부정적인 요소들을 말한다. 즉, 이러한 요소들을 더 많이, 더 높게 가지고 있을수록 더 쉽게 비행을 저지르게 되므로 위험요인을 측정한다면 비행의 발생을 예측할 수 있게 된다. 아서 등(Arthur et al, 1997)은 아동과 청소년의 위험요인과 보호요인을 측정하기 위하여 학생들에게 136항목의 요인들에 관해 조사했다. 그 결과 위험요인으로 지역사회지표(약물과 알코올), 가족지표(가난한 가정), 학교지표(학업실패), 또래 개인지표(충동성, 반항성) 등이 제시되었다. 샤페(Sharpe, 2001)는 선행연구들에서 제시된 위험요인들을 종합하여 가족, 학교, 지역사회, 개인, 또래의 범주로 나누고 이를 갱단원의 위험요인을 범주화하는 데 적용하였다. 갱단원 462명과 갱단에 가입해 본 적이 없는 1,160명에 대한 비교연구에서 가족요인(가족구조, 가족 내 폭력), 학교요인(학교에 대한 친밀감, 이상행동), 개인요인(비행행동에 대한 태도, 종교적 신념), 지역사회요인(사회적 제약, 이웃과의 관계), 친구요인(갱단에 가입한 친구의 유무) 등을 확인했다. 특히 미국 청소년비행예방국(OJJDP)에서는 청소년 비행에 관련된 학자들을 중심으로 연구그룹(study group)을 조직하였다. 이들은 2년간에 걸쳐 기존의 연구 성과들을 종합하고 비행예측에 도움이 되는 위험요인들을 추출해 냈는데 그 결과는 다음과 같다.

〈표 3〉 위험요인 분류표

구 분	위험요인
개인요인	– 잘못된 임신과 출산(정신적 충격으로 비행에 영향) – 낮은 심박수(비행을 두려워하지 않음, 상대적으로 연관성은 낮음) – 정신질환 – 집중장애(불안정, 과도한 행동성이나 위험행동) – 공격성 – 폭력행위 시작시기(이른 시기에 시작할수록 위험) – 반사회적 행동에의 참여 – 비행이나 반사회적 행동에 대한 우호적 태도
가족요인	– 부모의 범죄성향 – 아동학대 – 가족관리실패(부모 간, 자식 간 관계설정 실패, 감독소홀 등) – 부모의 낮은 관여(자식의 일에 대한 무관심) – 가족 간 유대 부족 또는 가족 간 분쟁 – 부모의 폭력에 대한 우호적 태도와 사용 – 부모 자녀 간 분리
학교요인	– 학업실패 – 학교와의 유대 약화 – 학업 소홀 및 학교 중퇴 – 잦은 전학
또래관련 요인	– 비행을 저지르는 형제 – 비행을 저지르는 친구 – 갱 집단에의 참여
지역사회 요인	– 가난 – 지역사회 붕괴 – 약물과 무기 입수 및 사용의 용이성 – 범죄와 관련된 이웃의 존재 – 폭력과 인종적 편견에의 노출

* Hawkins et al, 2000: p.3

보호요인은 논리적으로 볼 때 앞서 살펴본 위험요인이 부재하거나 위험요인과 반대되는 양상을 지니는 것을 가리킨다. 즉, 보호요인은 긍정적인 발달이나 행동을 적극적으로 증진시키는 기능을 함으로써 위험요인의 영향을 감소시키는 작용을 하는 것이다. 앤써니(Anthony)는 보호요인을 다음과 같이 설명하고 있다.

> 유리, 플라스틱, 철로 만들어진 세 인형이 똑같이 망치의 타격이라는 위험상황에 직면했다. 첫 번째 인형은 완전히 깨지고 두 번째 인형은 되돌릴 수 없는 흠이 생겼으나 세 번째 인형은 멋진 금속음을 낸다. 이때 외부의 공격과 공격을 받는 것 사이에 어떤 "보호막"과 같은 것으로 망치의 강타를 완충시킨다면 세 인형의 결과는 달라지게 될 것이다.
>
> (Anthony, 1987: pp.10-11)

이 비유에서 '보호막'에 해당하는 것이 바로 보호요인이라고 볼 수 있다. 즉, 보호요인은 위험요인의 부정적인 영향에 직접적으로 반대되는 작용을 함으로써 위험요인이 청소년 비행에 미치는 영향을 감소시킬 수 있으며 혹은 보호요인을 통해 청소년 개인의 적응능력이 유연해짐으로써 위험요인이 미치는 부정적인 영향력을 완화시키는 것이다. 앞서 소개한 아서 등(Arthur et al, 1997)에서는 사회적 보호요인(친사회적 관여의 기회, 이에 대한 보상), 가족보호요인(애착, 친사회적 관여와 보상), 개인 및 또래 보호요인(도덕적 관습에 대한 신념, 사회적 기술) 등의 보호요인을 확인하였다. 또한 폴라드 등(Pollard et al, 1997)의 연구에서는 보호요인을 개인적 요인, 가족적 요인, 학교요인, 지역사회 요인으로 구분하였다. 그가 제시한 보호요인은 다음 표와 같다.

〈표 4〉 보호요인 분류표

분 류	보호요인
개인적 요인	– 자아존중의식 – 자기 효능감 – 개인의 책임감 – 종교 생활 여부
가족적 요인	– 부모와의 밀접한 관계 – 가족에 대한 애착
학교 요인	– 긍정적인 학교경험 – 학교에 대한 관여
지역사회 요 인	– 지역사회의 지지 – 지역사회에의 소속감 – 타 사회기관과의 유대

* Pollard et al, 1997 표는 필자가 정리

버나드(Benard)는 위험요인과 보호요인에 대한 기존의 연구를 종합하면서 재활에 성공한 비행청소년들의 특성을 취합하여 '재활요인'(resilence factor)이라는 개념을 제안했다. 그러나 이 개념은 위험요인과 보호요인에 대등한 개념이라기보다는 이들을 종합하여 과연 어떤 청소년이 비행에 저항할 수 있는 내성을 가지고 있고, 한번 저지른 실수로부터 재활할 가능성이 높은지 파악한 것이라고 할 수 있다. 즉, 이러한 재활요인을 길러주는 것이 비행의 예방과 치료를 목표로 하는 프로그램들이 지향해야 할 방향이라고 할 수 있는 것이다. 따라서 이는 비행청소년에 대한 법교육이 지향해야 할 방향이기도 하다. 버나드가 제시한 재활요인을 좀 더 자세히 살펴보면 다음과 같다.

〈표 5〉 재활요인 분류표

분 류	재활요인
사회적 능력 (social competence)	a. 타인에 대한 반응성(responsiveness) b. 개념적 유연성과 지적 유연성 c. 타인을 위한 배려 d. 적절한 의사소통 기술 e. 유머감각
문제해결력	a. 규칙과 법에 관한 추상적인 사고를 적용하는 능력 b. 반성적 사고를 할 수 있는 능력 c. 비판적 추론력 d. 절망적 상황에서 대안을 생각하는 능력
자율성	a. 긍정적인 독립심 b. 효능감의 생성 c. 높은 자아존중의식 d. 충동 통제 e. 계획과 목표 설정 f. 미래에 대한 믿음

* Benard, 1993: pp.45-46

이와 같은 재활요인들은 청소년들이 반사회적인 영향력을 거부하는 데 긍정적으로 영향을 줄 수 있다. 따라서 비행예방과 치료라는 목표를 위해서는 이러한 특성들을 발달시키는 것이 도움이 될 수 있다. 또한 위험요인의 감소와 보호요인, 재활요인들의 강화는 법교육 프로그램의 목표로 설정될 수 있을 것이다.

3) 선행연구 개관

앞서 살펴본 바와 같이 청소년 비행문제의 원인에 관한 논의는 개인적 접근과 사회적 접근들을 바탕으로, 좀 더 실질적인 해결책을 찾기 위한 위험요인, 보호요인, 재활요인 등에 관한 연구로 확장되고 있다. 이러한 청소년 비행의 각 요인들을 강화하기 위한 교육적 차원에서의 접근 방법으로 법교육을 고려해 볼 수 있다. 법교육은 미국, 일본, 독일 등에서 폭넓게 활용되고 있으며 청소년 비행문제에 대한 대안으로서의 가능성도 다양한 프로그램과 효과 연구를 통해 확인되고 있다. 본 절에서는 청소년 비행문제에 대한 새로운 접근방식으로서 법교육의 가능성에 대한 선행연구들을 개관해 보기로 하자.

(1) 청소년 비행문제에서 법교육의 역할

청소년 비행문제의 원인에 관한 기존의 논의는 크게 개인적 접근과 사회적 접근으로 나누어 볼 수 있다. 개인적 접근은 비행청소년 개인이 가지고 있는 심리적, 생물학적 특성이 비행행동의 원인이 된다고 보는 관점이며, 사회적 접근은 그보다는 개인을 둘러싸고 있는 사회적 환경이나 상황에 따라 비행이 조장 혹은 억제된다고 보는 관점이다. 이 두 가지 접근 모두 서로 다른 측면에서 청소년 비행문제에 대한 이해를 도울 수 있다. 그러나 실제로 청소년 비행은 두 가지 측면이 분리되어 나타나는 것이 아니라 밀접하게 상호작용을 하면서 동전의 양면처럼 동시에 발생하는 것이다. 즉, 개인이 가지고 있는 개별적인 심리적, 생득적 특성이 사회 환경과 맞물리면서 변화하게 되고, 이러한 의식 변화가 다시 사회적 상황에서의 비행행동으로 나타나며 이에 대한 사회의 반응이나 제재가 다시 개인의 변화로 이어지는 순환구조를 가지고 있는 것이다. 따라서 이 두 가지 양상을 분리하는 것은 이론적 설명력을 높일 수는 있으나 실제로 청소년 비행문제에 대한 대안을 모색하는 데는 한계를 가질 수 있다. 위험요인, 보호요인, 재활요인 등에 관한 연구도 그러한 실천적 차원의 고민에서 시작된 것이다.

따라서 청소년 비행문제에 대한 대안도 이러한 개인적 차원과 사회적 차원의 논의를 아우를 수 있어야 할 것이다. 개인의 심리적 요인들만을 중심으로 접근하는 교육적 논의나 반대로 사회 제도나 환경의 변화만을 주장하는 제도적 논의들은 문제의 한쪽 측면만을 강조한다는 점에서 한계를 가지고 있다. 각각의 측면에 대한 심도 있는 논의가 진행되는 것과 함께, 두 측면을 통합적으로 다룰 수 있는 접근방식에 대한 고민이 필요한 것이다.

이러한 접근방식의 하나로 법교육이 고려될 수 있다. 법교육은 사회규범의 문제를 개인의 의식으로 내면화하려는 목표를 지니고 있다. 따라서 개인의 의식을 사회와 연결시키고 반대로 사회적 합의로 개인에게 전달하는 통로로서 역할할 수 있을 것이다.

호킨스(Hawins, 1992)는 비행청소년들의 문제를 해결하려면 사회적 유대(social bondage)를 강화해야 한다고 강조했다. 이를 위해서 기회(opportunities), 기술(skills), 인정(recognition)의 세 가지 요소가 필요하며 법교육은 이 세 가지 요소를 강화하는 데 효과적인 교육방식이라고 주장했다.

첫째, 청소년들은 가정이나 학교 그리고 사회에 참여하고 기여하는 가운데 연대감을 가질 수 있는 기회를 부여받아야 한다. 법교육에서 외부 자원 인사들이 폭넓게 활용되는 것은 교실의 안팎 모두에서 어른들의 역할모델에 대해 연대감을 갖는 계기를 제공한다. 또한 법교육 수업에서 비행청소년이나 우범 청소년들이 건전한 또래집단과의 결속과 상호작용을 할 수 있는 기회를 가질 뿐 아니라 다른 사람들의 지원을 요구하거나 받아들이는 기회도 증가시킨다. 특히 청소년들이 직접 소년사법제도의 일부를 담당하는 청소년 법정 제도(Teen Court)나 지역사회의 범죄문제를 함께 고민해 보는 '청소년, 범죄 그리고 지역사회'(Teens, Crimes and Community) 같은 프로그램들은 학교나 지역사회의 문제해결 과정에 청소년들을 직접 참여시키는 좋은 기회가 되고 있다.

둘째, 이러한 참여에 청소년들이 아무런 기술(문제해결 능력, 사회적 능력, 자율성)이 없이 참가하게 된다면 의미 없는 일이 될 것이다. 법

교육에서 다루고 있는 모의재판, 청문회, 역할극, 쟁점과 사례 토론 등
은 청소년들의 상호 의사전달 기술을 발전시킨다. 즉, 이런 활동들을
통해 청소년들은 모호한 문제들에 대해 토론과 논리적 사고를 통해 대
안을 발견하고 그러한 대안들을 평가하기 위해 다양한 관점에 서보는
연습을 하게 된다. 이러한 과정에서 추상적인 문제에 대한 사고능력,
비판적 사고능력, 충동 조절과 관련된 사고의 유연성(행동하기 이전에
결과를 생각하게 만드는)을 증가시켜 준다. 또한 타인의 관점을 존중하
고 배려하는 태도도 기르게 된다. 즉, 법교육을 통해 사회문제들에 대
해 탐구해 보고 그러한 시스템이 작동되는 원리를 이해시킴으로써 청
소년들이 학교나 지역사회에 참여할 수 있도록 준비시키는 것이다.

셋째, 지역사회의 중요한 운영원리인 법에 대한 수업을 받는다는 것,
그리고 가족이나 선생님 그리고 지역사회구성원들이 그러한 수업을 통
한 청소년들의 참여를 인정해 준다는 것은 청소년들의 의식 변화에 큰
영향을 줄 수 있다. 법교육은 상호작용적이고 협동적인 학습전략, 개인
과 사회의 연계성을 강조한다. 이러한 수업과정에서 수업내용은 학생들
의 삶과 밀접한 연관을 가진 것들이 다루어지며 또한 학생들의 경험의
가치를 인정해 주는 방식으로 이루어지게 된다. 또한 법교육에 함께
참여하는 경찰관, 검사, 변호사, 기타 지역사회의 중요 인물들과의 상
호작용 경험은 이러한 지역사회의 사람들이 자신을 돌보아 주고 있다
는 메시지를 전달함과 동시에 청소년들의 생각에 그들이 기꺼이 귀를
기울이고 있다는 느낌을 갖게 할 것이다.

(2) 법교육의 효과에 관한 선행연구

이와 같이 법교육은 청소년들의 사회적 유대를 강화시키고 의식을
변화시켜 비행을 감소시킬 수 있을 것으로 기대된다. 그렇다면 실제로
법교육은 청소년들에게 어떤 영향을 미치는지 선행연구들을 바탕으로

살펴보기로 하자.

프린스 프로젝트(Project Prince)는 법교육을 통해 학생들의 비행 빈도를 줄이고 준법행동과 태도를 기르기 위해 시행되었다. 지역사회에서 몇몇 중등학교를 선정하여 법교육 수업이 가능한 외부 전문가들과 현장 교사들이 함께 약 1년간의 기간 동안 실시한 이 프로젝트는 외부기관이 학교현장의 법교육을 어떻게 지원할 수 있을지 보여준 모델이라는 점에서도 의의를 가지고 있었다. 프로젝트가 완료된 후 실시된 이 프로젝트에 대한 평가연구(Center for Action Research, 1994)에서 법교육 수업을 받은 학생들은 법교육 수업을 받지 않은 같은 학교의 다른 학생들보다 향상된 법의식을 보인 것으로 확인되었다. 특히 7학년에서 9학년에 걸치는 대상 학생들 중 8, 9학년 학생들이 법과 법적 절차에 대한 지식이 크게 증가하였으며 법의 중요성에 대한 인식도 달라진 것으로 나타났다. 프린스 프로젝트에서 가장 크게 나타난 변화는 정서적 태도와 관련된 부분이었다. 이 프로젝트에서는 법교육 수업을 받은 학생들을 전통적인 공민(civics), 정치, 사회수업을 받은 학생들과 비교했다. 연구결과 실험집단의 학생들은 통제집단의 학생들보다 법적 권위체인 학교, 교사, 경찰 등에 대해 높은 친밀감과 신뢰감을 표시했고 법을 지키는 행동에 대해 호의적인 태도를 보였다. 또한 실험집단의 학생들은 통제집단의 학생들보다 비행률이 더 크게 감소한 것으로 나타났는데 이러한 결과에 정서적 태도변화가 크게 영향을 준 것으로 분석되었다(Center for Action Research, 1994). 그러나 이 프로젝트는 상대적으로 짧은 기간 동안 이루어졌으며 대상 학생들도 중등학교 학생들로 국한되어 있다는 한계를 가지고 있었다.

이러한 한계를 보완할 만한 연구로 '리갈 프로젝트'에 관한 연구를 들 수 있다. 리갈 프로젝트(Project Legal)는 1976년 시작되어 현재까지 30년 가까이 지속되어 온 법교육 프로그램이다. 시러큐스 대학이 주도하는 이 프로젝트는 역사 수업시간에 법교육을 접목시키는 방식을 취하고 있다. 단일 프로젝트로는 예외적으로 상당히 오랜 기간 반복적으로 실시되어 온 이 프로젝트는 시러큐스 대학이 지역사회에 대한 밀착, 봉사 프로그램의 하나로 지속적으로 후원했기 때문에 이렇게 긴 기간 동안 유지될 수 있었다. 또한 지역사회 전체 학교를 대상으로 했기 때문에 초·중등 과정 전체에 법교육 프로그램이 적용되었다는 것도 특기할 만한 일이었다. 이 프로젝트가 20년 정도 되었을 시점인 1992년에 시러큐스 대학은 그간 반복적으로 시행해 온 법교육 프로젝트가 어떤 효과를 지니고 있는지 평가하는 연구를 실시하였다(Carroll, 1992). 법교육 수업을 받은 학생들을 대상으로 약 1년간 진행된 연구결과, 리갈 프로젝트는 전체적으로 대상 학생들의 법의식을 향상시키는 데 기여했으며 특히 5, 8, 11학년의 학생들에게 법적 지식과 비판적 사고력을 길러주는 데 매우 큰 효과가 있다고 평가되었다. 또한 이러한 효과는 시러큐스 대학이 프로그램을 주도한 도심, 교외지역, 농촌 지역에서 지역적 차이와 관계없이 일관되게 나타났다.

지역적 한계를 넘어 법교육의 효과를 미국 전역의 수준에서 확인해 보려는 연구도 있었다. 전미변호사협회(ABA)에서는 해마다 법교육을 전국단위로 보급하기 위해 각 지역의 법교육 전문가들을 모아 워크샵을 개최하여 법교육 전문가들 사이에 의사교환의 장을 마련하고 있다. 또한 최근 개발된 새로운 법교육 방법론과 이론을 이들에게 전달하여 각 전문가들이 자신이 사는 지역으로 돌아가 전파하도록 하는 '확산 프로그램'(dissemination program)을 실시하고 있다. 가이즈(Geise, 1997)는 이 프로그램에 참여한 각 전문가들을 대상으로 연구한다면 보다 광범위한 수준에서 법교육의 효과를 확인해 볼 수 있으리라 생각했다. 그래서 이들을 통해 법교육이 학생들에게 미치는 영향을 평가한 결과, 법교육에 참여한 학생들이 그렇지 않은 통제집단의 학생들보다 법과 법적 절차에 대한 지식, 법에 대한 이해의 측면에서 매우 큰 차이를 보인다는 사실을 확인하였다. 물론 가이즈의 연구는 법교육 대상 학생들을 직접적으로 연구한 것이 아니라는 점에서 한계를 가지고 있으나 법교육 효과 연구의 지역적 한계를 확장하는 동시에 법교육을 담당하는 전문가들이 법교육에 대해 가지고 있는 기대와 효과에 대한 인식을 확인할 수 있었다는 점에서 의의를 가지고 있다.

헌터와 데이비스(Hunter & Davies, 1984)도 다양한 법교육 프로그램들에 대한 평가를 통해 법교육에 참여한 학생들이 교육을 통해 학교와 교사, 학업에 대한 애착이 증가했음을 밝혔다. 미국 전역에서 실시되고 있는 법교육 프로그램에 대한 국가단위 평가 프로젝트였던 '전미 법교육 프로그램 평가 프로젝트'(National Law-Related Education Evaluation Project, NLREEP)의 보고서에서 헌터와 데이비스는 각기 다른 여러 법교육 프로그램들에서 공통적으로 법적 권위체와 학교 활동에 대해 긍정적 법의식을 발전시켰다는 것을 확인했다. 이와 같은 법의식의 변화는 학생들의 사회적 유대와 지지감을 증가시켜 비행을 억제하고 예방하는 데 효과가 있을 것으로 예상되었다. 비슷한 결과가 넥서스 프로젝트(Project NEXUS)에 대한 연구와 로스쿨과 연계된 법교육 프로그램인 스트릿 로(Street Law) 과정에 대한 연구에서도 나타났다(Gruenhagen & Leslein, 1993, Johnson, 1992). 이 연구들에 따르면 법교육이 학교와 학급에 대한 애착, 모든 종류의 학교 활동에 대한 관여에 영향을 주었다고 한다. 즉, 법교육을 통해 자신을 둘러싸고 있는 공동체, 환경에 대한 평가가 크게 달라진다는 것이다.

중고등학생들에게 법교육을 실시하는 보이스(VOICE) 프로그램을 다년간에 걸쳐 평가한 결과에서도 프로그램에 참여한 학생들이 참여하지 않은 통제집단의 학생들보다 교사, 학급, 학교, 급우들에 대한 애착과 관심이 증가한 것으로 나타났다(SSEC, 1998). 이와 같은 결과는 학생들이 평소 규칙이나 제도, 법적 권위체 등에 대해 자신을 억압하고 통제하는 대상이라고 인식하고 소외감을 느껴오다가 법교육을 통해 이러한 제도의 원리와 작동방식, 존재이유를 알게 되고 직접 경찰, 법조인 등의 외부 인사들을 만나는 과정에서 법에 대한 친밀감과 신뢰감이 커지기 때문인 것으로 보인다. 또한 동료 급우들과의 상호작용 증가도 학교에 대한 애착과 지지를 향상시키는 데 좋은 영향을 주는 것으로 확인되었다.

법교육을 통해 학생들의 법적, 사회적 행위에 대한 참여를 높이기 위한 대표적인 프로그램으로 '청소년, 범죄 그리고 지역사회'(Teens, Crime and the Community, TCC) 프로그램을 들 수 있다. TCC는 전미범죄예방협회(National Crime Prevention Council)와 재단법인 스트릿 로(Street Law Inc.)가 주관하여 학생들이 범죄를 저지르거나 범죄의 희생자가 되는 것을 막기 위해 사회적 책임감을 강화하는 교육을 실시하는 프로그램이다. 이 프로그램의 효과를 측정하기 위해 12개 주 20명의 TCC 실무자들은 TCC에 참여한 학생 273명과 프로그램에 참여하지 않은 246명의 통제집단 학생들에게 사전검사와 사후검사를 실시했다. 검사 결과 TCC에 참여한 학생들은 학교와 법적 권위체에 대한 유대감이 크게 증가했으며 사회활동에 참여하여 행동하려는 태도도 강화된 것으로 나타났다. 또한 법교육 수업을 받은 학생들은 분쟁해결이나 의사결정 활동에 더욱 적극적으로 참여하는 것으로 확인되었다(Buzzell, 1994).

비슷한 결과가 '학부모와 법'(Teen Parents and the Law, TPAL) 프로그램에 대한 평가에서도 나타났다(Clawson & Sheldon, 1998). TPAL은 청소년들에 대한 비행예방이 친사회적 태도와 행동에 익숙하지 않은 부모에 대한 변화로부터 시작되어야 한다는 취지로 시작되었다. 이 프로그램에 대한 평가에서 법교육 수업을 받은 학부모들은 문제인식, 대안모색, 상황판단, 타협, 의사소통 등의 기술과 이러한 기술을 이용한 사회참여태도가 매우 높아졌다.

법의식의 행동적 영역에서 가장 두드러진 변화를 보인 프로그램은 공민교육센터(Center for Civic Education)에서 주관한 '우리는 시민'(We the People……)이었다. 이 프로그램에 참여하여 법교육 수업을 받은 학생들은 통제집단의 학생들보다 정치적 관용성이 크게 높아졌다. 또한 자신의 정치적 능력에 대한 자신감이 강화되어 자율성을 신장시키는 효과도 있는 것으로 밝혀졌다(Brody, 1994).

(3) 선행연구의 한계

　이렇게 법교육의 효과와 관련된 여러 가지 연구들이 수행되었으나 시행되고 있는 다양한 법교육 활동에 비하면 법교육이 청소년 비행을 감소시킬 수 있는가에 관한 경험적인 연구는 그리 많지 않은 편이다. 이는 법교육이 학문적 연구보다는 실용적인 목적을 지닌 프로그램 위주로 시행되어 왔기 때문이다. 가장 많은 법교육 연구 성과를 내놓고 있는 미국에서는 정규 교과에 법교육이 편성되지 않고 주로 한주에 1, 2시간 정도로 짧으면 1, 2주에서 길면 6개월에서 1년 정도의 프로그램으로 운영되고 있다. 따라서 이렇게 단시간 내에 이루어지는 교육활동을 통해 가시적인 비행행동의 감소를 기대하기 어렵고, 연구 자체가 프로젝트의 목적이 아니었기 때문에 장기적인 관점에서 종단적인 비행 감소 효과를 측정하기도 쉽지 않았다. 더구나 샘플의 수도 작은 편이고 무엇보다 해당 연구들이 이미 실시된 프로그램에 대한 평가의 차원에서 실시되기 때문에 변수의 통제나 사전, 사후검사 등에서 학문적 엄밀성을 유지하기가 어려웠다.

　법교육과 비행의 관계에 대해 대규모로 여러 장소에서 경험적 평가가 이루어진 가장 대표적인 사례로 1978년에 시작되어 1984년에 마무리된 '전미 법교육 프로그램 평가 프로젝트'(National Law-Related Education Evaluation Project, NLREEP, 1984)를 들 수 있다. 미국 연방 청소년비행예방국(OJJDP)의 발주로 1978년에서 79년 사이에 조사방법 및 설문지 디자인, 대상 선정이 확정되고 1980년부터 1984년까지 phase Ⅰ, Ⅱ, Ⅲ의 세 단계로 나누어 결과보고가 이루어진 이 평가 프로젝트에는 전국에서 교사와 학생 50여만 명, 법대 학장과 법조인들을 포함한 법학전문가 6,000여 명이 참여하였다. 이 연구에서는 앞서 다루어진 청소년비행이론으로부터 주요 변수들을 추출하였다. 즉, 법교육에 참여한 학생들에게 관여, 애착, 헌신, 신념, 법의 필요성과 규칙 및 법의 공정성 인식, 긍정적 낙인, 건전한 동료들과의 성공적인 상호작용에서 어떤 변화가 있었는지 측정한 것이다. 평가 결과는 측정된 모든 변수에서 대체로 긍정적인 변화가 확인되었으며 법교육이 학생들의 지식, 태도, 행동을 발전시킬 수 있다는 것이었다. 그런데 모든 프로그램에서 이런 긍정적인 결과가 나온 것은 아니었고 전체 대상 프로그램의 1/3 정도가 이렇게 효과적인 프로그램으로 확인되었다. 따라서 이 연구에서는 후속작업으로 성공적인 프로그램과 그렇지 않은 프로그램의 차이점을 구분하였고 그 결과 커리큘럼과 수업방식, 학교환경에서의 차이가 프로그램의 성공에 영향을 준 것으로 결론 내렸다.

그런데 이 평가 프로젝트의 첫 번째 단계(phase I, 1981~1982)에 참여했던 쉐이버(Shaver)는 이와 같은 평가방식과 결과에 의문을 제기했다. 주로 방법론적 측면에 집중된 쉐이버의 비판은 다음과 같다(Shaver, 1984).

첫째, 이 연구는 학생들의 자기보고식 설문지를 통해 이루어졌다. 그런데 과연 비행을 판단하는 데 이러한 자기보고식 방법을 쓰는 것이 신뢰할 만한 것인가?

둘째, 이 연구는 프로그램의 실시 전후를 엄밀하게 측정한 것이 아닌 이미 실시된 프로그램에 대해 학생들에게 반응을 묻는 유사경험적(quasi-experimental) 연구이다. 그런데 이 연구결과가 마치 법교육에 의한 것인 양 인과적으로 해석하는 것이 가능한가?

셋째, 보고서에서는 설문내용상의 차이를 근거로 법교육이 학생들의 지식, 태도, 행동을 발전시켰다고 결론 내렸으나 이 효과가 통계적으로 유의미한지 검증되지 않았다. 즉, 통제집단도 설정되지 않은 상태에서 단지 각 요소들의 수치가 달라졌다는 것만으로는 그 차이가 유효한 차이인지 알 수 없다.

넷째, 지나치게 이론에 얽매인 이론 확인(theory testing)의 한계를 넘지 못했다. 각 법교육 프로그램은 그 목표와 활동방식이 대단히 상이

하고 효과도 다양하다. 그런데 기존의 비행이론을 중심으로 설정한 변수만을 들이대어 실제 현장의 법교육 담당자나 교사들의 목소리를 듣는 데 실패했다.

쉐이버의 이러한 지적은 법교육 효과와 관련된 대부분의 연구들에도 똑같이 적용될 수 있는 것이다. 애초에 연구를 목적으로 프로그램이 설계되지 않는 한 통제집단을 설정하기도 어렵고 프로그램이 완료된 후에 평가의 차원에서 연구를 진행하다 보니 자기보고식 설문지를 활용한 유사경험연구의 한계를 벗어나기도 어렵다. 무엇보다 어려운 점은 교육 대상 학생의 특성을 임의로 설정할 수 없다는 것이다. 즉, 법교육 효과에 영향을 줄 수 있는 다양한 변수들을 통제하는 것이 불가능하기 때문에 이론적으로 엄밀한 구조를 갖추어 이루어진 경험적 실험연구는 거의 찾아보기 어렵다.

따라서 본 연구에서는 쉐이버의 이러한 지적들을 수용하여 보다 엄밀한 연구 설계를 통한 법교육의 효과 검증을 시도하였다.

쉐이버의 첫 번째 지적은 법교육을 받은 이후 비행을 저질렀는지 그렇지 않았는지를 학생 자신에게 물어보는 것이 부정확하다는 것이다. 이는 객관적인 검증시스템을 통해 비행 여부를 확인해야 한다는 뜻으로 해석될 수도 있다. 그러나 그보다 근본적인 문제는 과연 법교육을 받았다는 것이 비행행동의 감소와 직접 연결되는, 유일한 원인으로 볼 수 있느냐 하는 점이다. 교육을 통해 변화되는 것은 일차적으로는 청소년들의 태도 혹은 의식이며 이러한 의식이 실제 행동의 변화로 이어지는 과정에서는 다시 수많은 변수가 개입되게 된다. 따라서 법교육의 효과는 일차적으로 법의식의 변화를 통해 확인되어야 하며 법의식의 수준과 비행행동의 연관은 독립적으로 다루어져야 할 연구 주제인 것이다.

두 번째와 세 번째 지적은 경험적 연구로서의 엄밀성에 관련된 지적이다. 앞서 설명한 바와 같이 기존의 법교육 효과 연구는 이미 진행된 프로그램에 대한 사후평가의 성격이 강했기 때문에 변수를 통제한다거나 비교집단을 설정하는 등 엄밀한 연구조건을 갖추지 못한 경우가 많았다.

이와 같은 한계를 보완하기 위해 본 연구에서는 법교육이 법의식에 미치는 영향을 측정하는 것을 연구문제로 설정하였다. 이를 위해 다음 장에서는 법교육의 개념과 역할을 확인하고 법의식의 개념을 사회심리학의 태도 개념을 통해 재정의할 것이다. 또한 앞서 다룬 청소년 비행의 원인들에 관련된 법의식 요인들을 추출한 후, 이를 바탕으로 전체적인 연구분석틀을 구성할 것이다. 그리고 보다 정확한 효과 연구를 위해 사전 연구 단계에서부터 각 변인을 통제하고 비교집단을 설정하여 장기간에 걸쳐 엄밀한 실험연구가 수행될 수 있도록 설계했다.

2. 법교육과 법의식

1) 법교육의 의미와 중요성

법교육이 청소년 비행과 관련된 법의식 요소들에 미치는 영향을 밝히기 위해서는 먼저 법교육이 무엇이며 어떤 역할을 가지는 것인지 확인할 필요가 있다. 법교육은 국내에 비교적 최근에 소개된 학문영역으로 기존의 법학교육과 개념상의 혼란을 겪는 경우가 많으며 그 역할에 대해서도 다양한 논의들이 제시되고 있다. 본 장에서는 법교육의 의미와 필요성을 확인해 본다.

(1) 법교육과 법학교육

법은 공동체 생활을 유지, 발전시켜 나가기 위한 보편적인 원칙이다. 이러한 법의 중요성은 사회가 복잡화, 거대화되어 갈수록 점점 강조되고 있다. 민주사회에서 법은 시민들이 자발적인 동의하에 스스로 자신의 생활을 규제해 나가는 자치규범으로서의 성격을 지니고 있다. 즉, 물리력이나 타율적 강제에 의하지 않고 자신들의 필요와 의지에 따라 생활을 조직화하고 질서를 유지해 나가는 수단인 것이다. 따라서 시민들이 법의 필요성과 의의를 인식하고 기본적인 법적 소양을 갖추어 자발적 복종과 참여가 가능하도록 하는 것이 시민교육의 중요한 과제로 등장하고 있다. 이러한 과제가 가장 직접적으로 연관된 것이 바로 법교육이라고 할 수 있을 것이다.

그러나 법교육이 과연 무엇인가, 어떤 내용을 어떻게 다루어야 하는가에 대해서는 여러 가지 주장들이 엇갈리고 있다. 법교육의 정의에 대한 가장 큰 문제는 법교육이 기존의 법과대학이나 법조 전문가들을 양성하기 위한 과정에서 이루어져 온 법학교육과 어떤 차이가 있느냐하는 점이다. 일반적으로 법교육은 법학교육의 내용에서 폭과 깊이를 축소한 형태로 '꼬마 법학자'를 길러내려는 과정으로 이해되기 쉽다. 그러나 이렇게 이해할 경우 몇 가지 문제점이 발생하게 된다. 첫 번째 문제점은 과연 방대한 법학적 내용의 폭과 깊이를 '축소'하는 것이 가능한가 하는 점이다. 내용의 축소가 오히려 탈맥락적인 내용구성으로 인해 왜곡과 오해를 가져올 수 있으며 그 결과 시민들에게 잘못된 법의식을 심어줄 가능성이 크다는 우려가 제기될 수 있다. 두 번째 문제점은 일반 시민과 학생들을 '꼬마 법학자'로 키우는 것이 과연 필요한가 하는 점이다. 법 역시 의학이나 경영학처럼 일종의 전문영역으로 다년간의 수련을 통해 전문성을 기른 법 전문가들이 서비스를 제공하고 있다. 건강의 중요성을 누구나 인정하고 있지만 그렇다고 해서 '의학 교육'이 주장되지 않는 것처럼, 법이 중요하다고 해서 일반인들에게 법을 가르쳐야 한다고 주장할 수는 없을 것이다. 세 번째로 대륙법적 체계를 가지고 있는 우리 법 현실에서 법 내용의 일부만을 전달하는 식의 법교육은 불가능하며 오히려 위험하다는 주장이다. 법교육이 활성화된 미국의 경우 '보통법'(common law)의 전통하에 헌법 정신을 중심으로 법의 기본 정신과 원칙을 되새기도록 하는 방식으로 법교육이 진행되고 있다. 즉, 전반적인 법의 정신과 상식을 이해한다면 일반인들도 법적 판단을 내리는 것이 가능하다는 것이다. 그러나 우리나라의 경우 세세한 영역에까지 법이 규정하고 있으므로 전체적인 내용에 대한 지식이 없이는 섣불리 판단을 내리기 어렵다. 그 방대한 내용들을 일반인들에게 모두 교육시킬 수도 없을 뿐 아니라 오히려 일반인들이 어설프게 배운 지식을 활용하려 드는 것이 우리나라의 상황에서는 더 위험할 수 있다는 것이다.

이러한 지적들은 모두 법교육(Law-related Education)을 법학교육(Legal Education)의 연장선상에서 이해하기 때문에 제기되는 것이다. 일반적으로 '법교육'이라는 용어에서 떠올리는 이미지들은 법학적 지식들을 동원하여 법조인들의 도움 없이 문제를 해결하는 법적 능력을 갖춘 시민의 모습일 것이다. 이와 같은 일반적인 인식 때문에 법학교육과 법교육은 구분되어 인식되지 못했고 고등학생 대상의 교과서나 일반인들을 위한 법률 서적들도 법학개론을 축소하거나 소소한 법률적 상식들을 전달하는 형식을 띠게 되었다. 그러나 이렇게 법교육을 법학교육의 축소판으로 이해하는 것은 적절치 않다. 주로 대학에서 이루어지는 법학교육과 초중등단계, 그리고 일반인을 대상으로 이루어지는 법교육은 대상과 목표에 있어서 큰 차이가 있다.

첫째, 법학자, 법조인을 길러내는 법학교육에서는 개별적인 법조문이나 법학적 사실들을 많이, 정확하게 알고 적용하는 능력이 기본이 되므로 지식의 측면이 강조될 수밖에 없다. 반면 법교육이 목표로 하는 시민은 법을 많이 아는 사람이라기보다는 법에 대한 신뢰와 자부심을 가지고 법을 적극적으로 이용하여 자신과 타인의 권리를 보호하려는 가치관과 태도를 가진 사람이다. 물론 이를 위해 기초적인 법적 지식이 기반이 되어야 하겠지만 지식 자체의 양이나 전문성이 주된 관심사가 될 수는 없다. 오히려 일반인들의 경우 스스로 모든 법적 문제를 해결하기보다는 법에 대한 신뢰감과 적극적 참여자세를 갖고, 구체적인 내용들은 법전문가들에게 의뢰하는 태도를 갖도록 하는 것이 더 바람직할 것이다. 반면 법조인을 길러내는 교육에서는 이러한 태도와 가치의 문제가 주로 직업윤리와 관련된다. 따라서 그 상대적 중요성을 인정한다 해도 직업적 전문성에 우선하는 중요성을 부여받을 수는 없다.

둘째, 법학교육은 직접적으로 법적 분쟁이나 논란이 되는 상황을 해결하기 위해 지식의 정확성을 강조하고 지식 자체의 논리성을 정밀하게 검토하는 것을 중요시한다. 따라서 법적 용어들이 어렵고 낯설더라도(예를 들어 공서양속, 반의사불벌죄, 간주와 추정 등) 그 자체로서 이해해야지 이를 다른 쉬운 말로 풀어서 설명하거나 사례를 통해 이해하는 것을 꺼린다. 왜냐하면 그러한 변용들은 다양한 수준에서 개념의 부정확성을 동반할 수밖에 없기 때문이다. 그러나 법교육의 목표는 스스로 모든 법적 문제를 완벽하게 해결할 수 있는 사람들을 기르는 것이 아니다. 오히려 법적 해결의 필요성과 장점을 깊이 인식하고 해결 과정을 신뢰하며, 후에 문제가 발생했을 때 필요한 법률적 절차나 내용에 대한 도움을 구할 수 있도록 법에 기반을 둔 논리적 사고의 방식을 이해하고 이에 따르는 사람을 기르는 것을 목표로 한다. 이렇게 되자면 일단 법에 익숙하고 친근한 느낌을 가져야 하고 법적 용어의 정확성보다는 그런 용어나 제도가 가지고 있는 사고의 방식을 이해하는 것이 더욱 중요하므로, 자세한 설명과 함께 예시나 비교, 추론, 판단 등의 수업방식을 적극적으로 활용하게 된다. 물론 법학교육에 있어서도 이러한 방식들이 완전히 배제되는 것은 아니지만 중요한 것은 그 도달점이 '법조인'인지 아니면 '법에 기반을 둔 논리적 사고력을 지닌 생활인'을 지향하는 것인지의 문제가 될 것이다.

(2) 법교육의 정의와 역할

이상과 같은 법교육의 특성을 염두에 두고 법교육의 정의와 역할에 대한 다양한 논의들을 살펴보도록 하자. 법교육(law-related education)이란 법률전문가 양성을 위한 법학교육(legal education)과는 달리 청소년 또는 성인 일반을 대상으로 법의 형성과정, 법제도와 그 기초에 대한 지식과 기능을 제공하는 교육을 의미한다. 미국에서 1978년 제정된 법교육법(Law-Related Education Act)에서는 법교육을 다음과 같이 정의하고 있다.

> 법교육은 일반인들에게 법적 지식과 기술, 법적 절차, 법체계, 이들의 바탕에 깔려 있는 기초적인 원칙과 가치들을 가르치는 것이다.
>
> Law-Related Education Act, 1978

또한 법교육의 확산과 대중화를 위해 특별위원회를 설치하고 다양한 활동을 벌이고 있는 전미변호사협회(American Bar Association)에서는 법교육을 "법, 권력, 정의, 자유, 평등 등의 민주주의의 기본개념들과 개념들 간의 관계를 가르치고 우리 사회가 필요로 하는 적극적 시민들을 길러내기 위해 지식, 기술, 가치를 전달하기 위해 노력하는 것"(ABA, 1995)으로 정의하고 있다.

대다수의 법교육자들은 법교육의 의미를 '복잡하고 가변적인 현대 사회에서 법과 법적 쟁점에 대해서 효과적으로 대응하는 데 필요한 기초 지식, 기능, 가치관과 태도 등을 개발할 기회를 제공하는 학습 경험'으로 보고 있다(Gelach & Lamprecht, 1975: p.4-5, 박성혁, 1998: p.59 재인용). 한국의 법교육 관련 교육자들도 이와 유사한 맥락에서 법교육의 성격을 파악하고 있다. 즉, 전문 법조인의 양성을 목적으로 하는 법학교육과는 달리, 초·중등학교에서 학생들을 대상으로 하는 법교육은 학생들에게 복잡한 현대 사회에서 발생하는 다양한 법과 법적 쟁점에 효과적으로 대응하는 데 필요한 기초적인 지식뿐만 아니라 태도, 가치관 등을 개발할 교육적 기회를 조직적으로 제공하여 긍정적인 법의식을 기르는 한편 공동체 생활에의 능동적인 참여를 유도하는 데 근본적인 목적이 있다고 본다(이승종 외, 1992: p.409). 법교육은 통상 시민들로 하여금 법적 절차와 제도에 대한 기본적 지식과 이해를 제공하여 법치 사회의 기반이 되는 시민들의 법적사고력과 문제해결력을 촉진하고자 하는 교육적 의도로 이해될 수 있다. 그러나 이와 같은 논의들은 교육의 일반적인 목표들을 모두 망라하고 있을 뿐 아니라 '능력'의 측면을 강조하여 자칫 법교육을 지식과 기능을 위주로 이해하도록 이끌 우려가 있다. 앞서 법학교육과의 차이점을 살펴본 것에서도 알 수 있듯이 법교육은 법적 생활을 영위하기 위한 전문적인 지식과 능력의 영역보다는 자발적 참여와 합의를 통해 공동체를 유지해 나가기 위한 기본적인 태도와 가치를 내면화하는 것에 좀 더 무게중심을 두고 있다. 따라서 지식, 기능 등의 습득을 통해 법교육이 궁극적으로 지향하는 바는 법적 공동체 생활에 주인의식을 가지고 참여하며 합리적 과정을 통해 사회를 유지, 변화시켜 나갈 수 있는 건전한 '법의식'을 지닌 시민을 길러내는 것으로 봐야 할 것이다.

이러한 법교육의 목표에 대해서는 법교육 학자들도 일반적으로 동의하고 있으나 구체적으로 이를 실현하기 위한 법교육의 방법과 성격에 대해서는 엇갈리는 시각이 존재하고 있다. 법교육의 성격에 대해 접근하는 시각을 크게 나누어보자면 법에 대한 지식과 이해를 강조하는 시각과 법에 대한 태도와 활용능력을 강조하는 시각으로 구분할 수 있다(최윤진 외, 1995: pp.21-23). 우선 법교육을 법에 대한 지식과 이해를 증진시키려는 교육으로 이해하는 시각이 있다. 물론 이와 관련해 법교육에서 다루어져야 하는 법에 대한 지식이 구체적으로 어떤 것인가에 대해서는 논란이 있을 수 있다. 법교육에서 취급할 법지식으로 우선 자유, 정의, 평등, 재산, 권력, 권위, 책임 등과 같은 법과 관련된 개념에 관심을 갖는 입장이 있다. 법교육은 이러한 기초적 개념을 가르치는 것이라는 주장이다. 다른 견해는 법교육에서 취급할 법지식으로 사람들의 일상생활에 영향을 주는 '생활규범'과 관련된 지식에 초점을 두는 것이다. 여기서 법교육은 '생활법'을 가르치는 것이다. 법지식으로 일상생활 영역과 관련된 각 법 영역의 해당 지식에 중점을 두는 것이다. 또한 다른 견해로는 법적 절차나 법적 과정에 대한 참여와 관련된 지식을 강조하는 입장이 있다. 여기서는 형사재판제도나 입법 과정에 국민들이 어떻게 영향력을 행사할 수 있는지에 주목하여, 법교육이란 입법 과정 및 사법절차에 시민들이 참여하는 방법을 가르치는 것으로 보고 있다. 여기서는 모의학습 혹은 현장 학습과 같은 방법을 중시하고 있다.

한편 법교육을 법률적 분쟁에 대해 효과적으로 대처하는 능력과 태도를 기르는 교육으로 보는 시각도 있다. 법교육은 단순히 법지식을 가르치는 데 그치지 않고 사회적으로 빈번하게 발생하는 법률적 분쟁 혹은 사회문제에 효과적으로 대처하는 문제해결 능력과 태도를 길러주는 것이라는 주장이다. 즉, 법교육을 통하여 학생들이 사회적 논쟁문제들에 적극적인 관심을 갖고 공정하고 비판적으로 사고하고 판단할 수 있는 능력을 신장할 수 있다고 강조하고 있다(박성혁 외, 2005: pp.15-17). 또한 법교육을 통해 법과 공동체에 대한 긍정적인 인식과 적극적 태도를 기르는 것으로 보는 시각도 있다. 공동체 유지를 위한 기반이 되는 법에 대한 정서적 지지와 참여의식을 길러주는 것이 법교육의 중요한 교육내용이 되어야 한다는 것이다.

그러나 법적 지식을 강조하는 시각과 법적 태도를 강조하는 두 가지 시각은 대립되는 것이라기보다는 서로 다른 강조점을 가지고 상호 보완하는 관계로 이해되는 것이 타당할 것이다. 법적 지식과 소양이 없이 법적 태도와 활용능력을 기를 수는 없으며 반대로 시민교육으로서의 목적이 없는 지식의 전달은 무의미한 생활상식 교육이 되어버릴 것이기 때문이다. 법교육과 관련된 두 가지 시각은, 법교육이 법적 지식과 절차의 전달이라는 내용을 통해 문제해결 능력의 신장과 법의식의 향상이라는 목표를 지향하는 것으로 종합하여 이해될 수 있다.

실제 현장에서 이러한 목표를 실현하기 위해 이루어지는 법교육은 다양한 모습으로 나타나고 있다. 먼저 학교현장에서의 법교육을 생각해 볼 수 있다. 학교현장에서의 법교육은 학교 내에서 교과로서 법을 가르치는 것과 생활교육으로서 규범을 가르치는 것 등을 들 수 있다. 교과로서의 법교육은 법조항이나 법원칙 등 법의 내용들을 직접적으로 다룬다는 점에서 일반적으로 생각하는 법교육에 가장 가까운 형태라고 할 수 있을 것이다. 현재 우리나라에서는 초등학교에서 고등학교 1학년에 이르는 국민공통기본교육과정에서는 사회교과의 일부에 법의 내용이 포함되어 다루어지고 있고, 심화선택과정인 고등학교 2, 3학년에서는 '법과 사회' 과목이 독립된 법 관련 과목으로 다루어지고 있다. 그러나 법학교육과 달리 시민성의 함양을 목표로 설정하는 법교육의 특성을 고려할 때 각 교육기관에서 실시되는 규범교육, 공동체 생활교육 자체가 매우 의미 있는 법교육이라고 할 수 있을 것이다. 특히 초등학교의 경우 구체적인 법의 내용이나 기관 등의 내용을 다루지는 않지만 공동체 생활에 필요한 가장 기초적인 생활습관과 가치관을 습득하는 장이라는 점에서 매우 중요한 법교육 공간이다.

　이렇게 학교 공간에서 이루어지는 법교육 외에 학교 밖에서도 사회교육의 일환으로 법교육이 이루어질 수 있다. 사회교육으로서의 법교육은 청소년 비행예방 및 교정교육으로서의 법교육과 평생교육으로서의 법교육으로 구분될 수 있을 것이다. 먼저 비행예방 및 교정교육으로서의 법교육을 살펴보도록 하자. 우리나라에서는 7차 교육과정에서 '법과 사회' 과목이 신설되면서 법교육이 갑작스럽게 관심을 받게 되었으나 법교육이 먼저 시작된 미국의 경우 학교현장의 법교육보다는 청소년 비행예방 및 범죄자들에 대한 교정교육의 수단으로 법교육 프로그램이 활용되는 경우가 많았다. 특히 미국 법무성 산하의 청소년비행예방국 (OJJDP)은 법적 가치와 행동방식을 내면화하도록 유도하여 청소년 비행을 막을 수 있다는 생각으로 다양한 프로그램들을 운영하고 있다. 우리나라에서는 2005년부터 법무부의 주도하에 여러 가지 법교육 프로그램들이 시도되고 있으며 본 연구도 그러한 비행예방 및 교정 프로그램의 일환으로 안양소년원 학생들을 대상으로 실시될 수 있었다. 비행예방 및 교정교육으로서의 법교육은 그 가능성을 인정받아 현재 각 소년원 및 분류심사원으로 확대되어 가고 있는 상황이나 아직 제도화되는 단계에 들어서지는 못하고 있다. 성인들을 대상으로 한 평생교육으로서의 법교육은 주로 법률 상담이나 법률 상식 교육, 혹은 직장에서의 연수의 형태로 이루어지게 된다. 사회생활을 하다 보면 현실적으로 법적 지식의 필요성을 강하게 느끼게 되므로 성인 법교육에 대한 요구도 매우 높은 편이다. 일본의 경우 각 지역 변호사협회를 중심으로 법 관련 강좌와 모의재판 등을 문화센터나 구민회관 등을 통해 적극적으로 실시하고 있으나(법무부, 2005: p.170) 우리나라에서는 아직 평생교육으로서의 법교육 프로그램들이 활발히 이루어지지 못하고 있다. 앞으로 더 많은 관심과 연구가 필요한 분야이다.

이상에서 살펴본 바를 종합하자면, 법교육은 학생들에게 사회생활에 필요한 법적 지식, 기능, 가치와 태도를 전달하여 건전한 법의식을 확립하는 것을 목표로 하는 시민교육이다.

본 연구는 소년원에서 비행청소년들을 대상으로 이루어진 법교육의 효과와 영향을 검증하기 위한 것이다. 따라서 본 연구에서 다루어지고 있는 법교육은 교육의 장을 기준으로 보자면 사회법교육 가운데 비행 예방 및 교정교육의 일종으로 볼 수 있다. 또한 각 법 영역에 대한 지식보다는 일상생활 속에서의 생활규범과 법적 절차 및 참여에 관한 지식을 주로 다루고 있으므로 '생활법교육'의 성격을 강하게 띠고 있다. 이러한 형태의 법교육은 비행청소년들이 보다 긍정적이고 적극적인 법의식을 갖고 사회에 적응할 수 있도록 돕는 것이 주된 목적이다. 따라서 본 연구에서도 법교육을 통해 비행청소년들의 인지, 정서, 행동적 차원의 종합적 영역인 법의식이 어떻게 변화하였는지를 확인해 보고자 하였다.

2) 법의식의 형성과 변화

이와 같이 법교육은 기본적인 법적 소양과 능력을 통해 건전한 법의식을 지닌 시민을 양성하는 것을 목표로 하고 있다. 그러나 일반적으로 사용되는 '법의식'은 그 개념과 구성요소가 모호하여 교육목표나 평가기준으로서 많은 한계를 가지고 있다. 따라서 본 연구에서는 법교육의 목표로서 '법의식'을 사회심리학에서의 '태도'(attitude) 개념을 적용하여 재정의하고자 한다. 본 장에서는 기존의 법의식 개념이 지닌 문제점과 이에 대한 대안으로서 태도 개념이 적용된 법의식의 개념 및 구성요소를 살펴본다. 또한 법의식이 어떻게 형성되고 변화되는지 사회심리학 영역의 '태도'에 관한 연구를 중심으로 살펴 효과적인 법교육의 방법과 조건을 확인해 볼 것이다.

(1) 법의식의 개념과 요소

① 법의식 개념의 중요성과 문제점

법교육과 법학교육의 가장 큰 차이점은 법학교육이 법적 지식과 적용에 있어서의 전문성을 좀 더 강조하는 반면, 법교육은 시민성 교육으로서 건전한 법의식의 형성에 더 큰 중요성을 부여한다는 것이다. 그렇다면 법의식은 왜 중요하며 어떤 개념일까?

법은 여러 가지 사회적 기능을 갖는다. 법인류학자인 호블(Hoebel, 1954)은 법의 기능을 네 가지 측면에서 논의하고 있다.

첫째, 법은 사회구성원들 간에 해야 할 일, 하지 말아야 할 일 그리고 적절한 행위 양식 등을 명확하게 규정하는 '관계설정'(to define relationship)의 기능을 한다. 이 기능은 각자가 다른 사람에 대해 어떤 의무와 권리를 가지고 있으며 그 권리의 한계는 무엇인지 밝혀 개인과 개인, 개인과 집단, 집단과 집단 간의 통합을 유지해 가는 것이다.

둘째, 법은 강제적이고 물리적인 힘을 행사할 권위를 배분하는 '질서유지'(the maintemnace of order)의 기능을 갖는다. 이 기능은 사회적으로 인정된 물리력 또는 강제력을 누가 어떻게 행사할 것인지 규정하는 것이다. 이런 절차가 제대로 형성되어 있지 않다면 사회적 질서는 유지되기 어렵다. 이러한 기능은 주로 공법의 영역과 관계되는 것으로 법교육에서 전통적으로 매우 강조되어 온 내용들이다.

셋째, 법은 사회생활에서 일어난 여러 가지 사건들을 처리하고 불법행위를 억제하는 '분쟁해결'(the disposition of trouble cases)의 기능이 있다. 법은 이미 발생한 사건들을 올바른 방향으로 해결하여 균형을 회복하기도 하고, 이에 앞서 법 자체가 존재함으로써 미래에 발생할 수 있는 불법행위들을 미연에 방지하고 제어, 교정하는 역할도 수행한다.

넷째, 법은 사회변동에 따라서 개인 및 집단 간의 '관계를 재정립'(to redefine relations)하는 기능을 한다. 사회가 급속하게 변동하여 기존의 질서와 양립하기 어려울 경우 법이 관계를 재설정하여 새로운 생활양식이 정착되도록 하는 것이다.

법은 이렇게 다양한 기능을 통해 공동체 생활을 유지, 발전시켜 나가는 근간의 역할을 하게 된다. 그러나 법이 이러한 기능들을 성공적으로 수행하기 위해서는 당연히 사회구성원들이 법의 가치를 인정하고 충실히 따른다는 전제가 있어야 할 것이다. 그렇다면 왜 사람들은 법을 준수하는 것일까? 법복종자가 법규범을 준수하는 이유는 몇 가지 관점에서 설명되고 있다(이영희, 2003: pp.164-166).

가장 큰 이유 중의 하나는 법의 규범적 타당성을 인정하기 때문이다. 이는 법의 생성 과정이나 결과로서의 법규범, 해당 법규범의 효과에 대해 지지·찬성한다는 의미와 함께, 그 규범이 일반적으로 준수할 수 있는 수준의 것이라는 의미도 포함되어 있다. 즉, 현실적으로 준수할 수 있는 규범이기 때문에 준수한다는 것이다. 베버는 이와 같은 준수행위를 '합목적적 행위'라고 칭하기도 했다.

두 번째는 그 규범을 준수하지 않음으로써 받게 될 제재나 불이익을 회피하기 위한 것이다. 주로 법의 강제성과 관련된 주장으로 외견상 자발적으로 보이는 법규범 준수행위도 사실상 타율적인 행위일 수 있음을 암시하는 것이다.

세 번째는 법규범을 준수·이행함으로써 얻게 될 이익, 또는 이를 통해 법규범과는 무관한 다른 목적을 추구하기 위해 규범에 따르는 것이다. 이 경우는 비록 자발적인 준수행위라고는 하지만 규범 자체에 동의하거나 지지하여 준수를 하는 경우와 다르므로 이해관계가 달라지거나 상황이 바뀔 경우 행위의 일관성이 보장되기 어렵다는 문제를 가지고 있다.

네 번째는 규범준수가 이익과 관련이 없거나 심지어 손해를 야기하는 경우에도 스스로의 도덕률에 의하거나 주입된 준법정신에 의해 엄격하게 법규범을 맹종적으로 준수하는 경우이다. 얼핏 보기엔 첫 번째 경우와 비슷해 보이지만 법규범의 타당성에 대한 판단을 유보한다는 점에서 머튼의 '아노미적 일치'에 가까운 행동유형이며 주어지는 규범을 무비판적으로 받아들이므로 매우 위험할 수도 있다.

법규범의 준수행위는 법이 제대로 기능할 수 있는 전제조건을 형성하여 공동체의 존속과 발전을 가능하게 한다. 그러나 앞서 살펴본 바와 같이 법규범을 준수하는 이유는 각각 큰 차이를 보이므로 외견상으로 법규범을 준수한다고 해서 법이 제대로 기능할 것이라고 판단할 수는 없다. 특히 형벌적 제재를 면하기 위한 법 준수나 아노미적 규범준수행위는 사회통합을 저해할 수 있기 때문에, 오히려 이러한 준수행위가 많은 부분을 차지할수록 사회통합은 반비례적으로 더 멀어지게 될 것이다(Rehbinder, 1984: pp.168-169).

첫 번째 유형의 법 준수행위, 즉 법의 규범적 타당성과 현실적인 준수 가능성을 고려하여 판단된 합목적적 준수행위가 법 본연의 기능을 효과적으로 발휘할 수 있도록 뒷받침할 수 있다. 사회구성원들이 이렇게 법에 자발적으로 복종하고 판단하려면 법에 대해 구성원들이 갖는 마음의 자세가 중요한 역할을 하게 되는데 이러한 '법에 대해 사람들이 가지고 있는 일반적인 마음의 자세나 정신'을 '법의식'이라고 통칭한다. 따라서 사회구성원들의 건전한 법의식은 민주사회에서 법의 실효성을 보장해 주는 근간의 역할을 한다고 볼 수 있다. 달리 말하자면 구성원들의 법의식이 전제되지 않은 법집행은 강제수단의 동원에 의지할 수밖에 없으며 물리적 강제에 의해 유지되는 사회는 이미 민주사회라고 볼 수 없는 것이다. 이와 같이 법의식은 민주사회에서 시민들의 자발적 법질서 형성과 유지, 발전에 핵심적인 역할을 하는 중요한 요소이다.

그러나 '법의식'이라는 개념은 학문적으로는 그 개념이 매우 모호하고, 상대적으로 좁은 영역에서 사용되고 있다. 법의식과 관련된 다양한 정의들을 살펴보고 이러한 정의들이 가지고 있는 문제점을 확인해 보도록 하자.

법의식의 개념을 확인하는 가장 손쉬운 방법은 '의식'의 개념을 먼저 정의하고 이를 '법'과 결합시켜 이해하는 방법일 것이다. '의식'(Consciousness)은 심리학에서 주로 사용되는 용어로, 일상적인 우리말에서는 '정신', '마음자세' 등의 포괄적인 의미로 사용되고 있으나 학문적 영역에서는 인간이 가지고 있는 정신세계에서 드물게 나타나는 사고의 흐름을 의미하는 대단히 좁은 영역의 현상을 가리키는 용어로 사용되고 있다.

> ……따라서 의식은 자기 자신에게는 조각조각 난 채로 나타나지 않는다. 사슬이나 열차와 같은 단어들은 의식을 적절하게 묘사해 주지 못한다. 왜냐하면 의식은 순식간에 자기 모습을 드러내기 때문이다. 의식은 연결된 것이 아니고 흐르는 것이다. 강이나 물줄기 같은 말이 의식을 자연스럽게 묘사하는 은유적 표현이다. 이제부터 의식에 대해서 말할 때는 사고의 흐름, 의식의 흐름, 또는 주관적 생활의 흐름이라고 부르자.
>
> (James, 1950: p.239)

심리학적으로 의식(consciousness), 반응성(reactivity), 인지(cognition)는 구분되며 이 중 반응성이 우리의 행동을 유발하는 모든 자극을 관장하는 정신기능으로 여겨진다. 이에 비해 의식은 훨씬 국소적인 것이다. 우리는 우리가 반응하고 있는 것들을 단지 이따금씩만 의식하고 있을 뿐인 것이다. 예를 들어 책을 읽다가 새가 날아가는 것을 보고 다시 책에 집중하는 것은 '반응'이지 '의식'이 아니며 심지어 책을 읽거나 추론하는 것조차 반응의 집합으로 여겨지기도 한다. 의식은 매우 예외적인 현상인 것이다.

(이봉건, 2005: p.96).

의식은 수많은 지각현상에 관여되어 있지 않다. 말하기와 쓰기, 듣기, 읽기에도 관여할 필요가 없다. 그것은 사람들이 대부분 생각하는 것처럼 경험을 복사해 두는 것도 아니다. 의식은 신호학습에도 전혀 관여하지 않으며, 기술학습이나 문제해결 학습에도 관여할 필요가 없다. 이들은 의식 따위의 개입 없이도 잘 진행되기 때문이다. 의식은 판단을 내리거나 단순한 사고를 하는 데도 꼭 필요하지 않다. 의식은 이성의 토대도 아니다. 실제로 창조적 추리를 해야 하는 몹시 힘든 경우에도 의식의 집중 없이 추리가 이루어지고 있다. 의식은 상상 속에서만 처소가 있고 실제로는 그 처소가 없다. ……현재 내릴 수 있는 결론은, 의식은 우리의 많은 행동에 그리 큰 영향을 주지 않는다는 것이다.

(Jaynes, 1990: pp.73-74)

이와 같이 학문적 영역에서 '의식'은 매우 예외적이거나 심지어 신비한 성격을 갖는 것으로 다루어지고 있다. 의식은 정신작용의 아주 특정한 순간이나 부분만을 가리키며, 일상적인 사고의 구조라기보다는 주체의 의지에 따라 이루어지는 일종의 '각성'과 같은 것으로 여겨지는 것이다. 심리학의 일부 분야에서는 의식을 종교적 깨달음이나 의지로 해석하는 연구경향도 나타나고 있으며 일반적인 사고의 방식을 '의식'의 차원에서 다루는 연구는 거의 찾아볼 수 없다. 그러나 앞서 살펴본 바와 같이 일반적으로 '법의식'은 법에 대해 사람들이 갖는 마음의 자세나 정신으로 받아들여지므로 이와 같이 특정 상황에서 나타나는 특수한 현상으로서의 '의식' 개념을 통해 법의식을 개념화하는 것은 매우 어려운 작업이다.

그렇다면 '법의식' 자체를 하나의 개념으로 독립하여 정의해 볼 수는 없을까? 인간이 법에 대하여 갖는 의식을 총괄적으로 지칭하여 법의식을 개념화한 대표적인 학자로 레빈더(Rehbinder)를 들 수 있다. 그는 법의식(Rechtsbewubstein)을 다음의 세 가지 차원으로 구분하였다(앞의 책, pp.169-175).

첫째, 법인식(Rechtserkenntnis)의 차원이다. 이는 법규범이 존재한다는 것, 그리고 그 법규범의 내용이 무엇이라는 것을 알고 있는 상태를 말한다. 이를 '법지식'(Rechtskenntnis)이라고도 한다. 법지식은 법인식의 객관적, 결과적 상태를 말한다.

둘째, 법의견(Rechtsmeinung)의 차원이다. 이는 법규범에 대하여 찬반의 의사를 갖고 있는 상태를 말한다. 법인식은 객관적, 사실적인 데 반하여, 법의견은 주관적, 평가적인 점에서 명확히 구별된다. 법의견은 기존의 법에 대해서만 아니라 당위적 법에 대한 것도 포함한다.

셋째, 법태도(Rechtshaltung)의 차원이다. 이것은 법규범을 준수할 것인지 여부에 대한 의사를 갖고 있는 상태를 말한다. 법태도는 법의견을 바탕으로 한다. 하지만 법의견이 곧 법태도로 나타나는 것은 아니다. 예를 들면 법규범을 악법으로 판단하고 있는 경우에도 법규범을 준수하는 태도를 취할 수 있으며 반대의 경우도 마찬가지로 가능하다. 법태도는 법을 인식·평가하고 있는 자가 법에 대한 자신의 행동까지도 결정하고 있는 상태를 말한다.

그러나 이와 같은 법의식에 대한 레빈더의 정의는 이에 앞서 살펴본 '의식' 개념과 관련이 없으며 오히려 사회심리학에서의 '태도' 개념의 세 가지 요소를 그대로 보여주고 있다. 뒤에서 좀 더 자세하게 다루겠

지만 태도는 인지, 정서, 행동의 세 가지 차원으로 구성되며 이 중 인
지는 레빈더가 말한 '법인식'과, 정서는 '법의견'과, 행동은 '법태도'와
상당부분 일치하는 개념이다. 따라서 레빈더는 법의식의 정의를 사실상
'태도' 개념을 빌려서 설명했다고 볼 수 있다.

임희섭은 법의식을 인지적, 정의적, 행동적 차원에서 다음과 같이 정
의했다.

먼저 법의식의 인지적 차원은 '법적인 지식'을 의미하는 것으로 보았
다. 행위자들은 정치적, 경제적, 사회적 행동을 할 때 그러한 행동이
법적으로 정당한 것으로 규정되고 있는가에 대한 어느 정도의 구체적
인 지식을 필요로 한다. 뿐만 아니라 행위자들은 법의 도덕적, 정치적,
사회적 기초나 법의 사회적 기능, 법적 절차 등에 관한 어느 정도의
지식 없이는 법 과정에서 적극적이고 자신 있는 참여를 하지 못하게
될 것이다. 필요한 경우에 전문가의 자문을 받는다 해도 행위자 스스
로 어느 정도의 법적 지식을 소유하지 못한다면 개인의 법적 능력이나
법에 대한 적극적인 감정은 제한될 것으로 예상할 수 있을 것이다.

다음으로 법의식의 정서적 차원은 법적 동일시감으로 접근하였다.
즉, 행위자가 법을 자신의 일상생활에서 중요하고 가까운 것으로 느끼
는 정도, 법의 타당성과 공정성에 대한 정서적 반응, 권리가 법에 의해
보호받고 있다는 느낌과 이에 대해 자신이 느끼는 의무감 등이 행위자
의 법행동 유형에 크게 영향을 미칠 것으로 본 것이다.

마지막으로 법의식의 행동적 차원은 법적 능력으로 보았다. 여기서
법적 능력이란 '행위자가 구체적인 사회관계에서 자신의 권리를 주장
하고 보호받기 위해서 법을 사용할 의사와 자신을 어느 정도 가지고
있느냐?'의 문제이다. 즉, 법을 사용할 의사와 자신감을 많이 가진 사
람이 행위적 차원에서 건전한 법의식을 가지고 있는 것으로 이해될 수
있는 것이다(임희섭, 1994: p.155).

임희섭의 이러한 구분은 법의식의 차원을 인지, 정서, 행동적 차원으
로 세분화하여 접근했다는 점에서 국내 연구 가운데 선구적 성격을 가

지고 있다. 그러나 동시에 여러 가지 한계도 지니고 있다. 먼저 '어떤 대상을 받아들이는 심리적 방식'이라는 복합적인 의미를 지니고 있는 '인지'(cognition)의 차원을 '지식'(knowledge)의 차원으로 단순화시켜 접근했다는 점은 커다란 한계라고 볼 수 있다. 또한 정서적 차원을 법적 동일시감에만 국한시켜 비행 및 범죄에 큰 영향을 주는 '위법행위에 대한 감정적 평가'를 제외시킨 것도 문제점으로 볼 수 있다.

이수성 역시 법의식을 현저하게 법적인 현상에 대한 인지적, 평가적 및 감정적인 심리상황을 총칭하는 개념으로 사용하고 있다. 각 영역에 해당하는 요소로 법지식의 정도, 법적 소외감, 법적 신뢰감 등을 제시하여 임희섭과 약간 차이를 보이고 있으나 인지적 요소를 지식에 한정지어 접근하는 한계는 여전히 존재하고 있다(이수성, 1984: pp.72-84). 또한 이 연구에서는 행동적 요소는 아예 제외하고 있어 포괄적인 법의식 개념을 구성하는 데 실패하였다.

법의식이라는 말을 '법문화'와 비교하여 좀 더 법현상의 심리적 측면에 한정되는 것으로 구별해 볼 수도 있으나, 이 두 개념 역시 명확히 구분하기는 어렵다. 법의식과 비슷한 의미로 사용되는 용어에 법문화, 법감정, 법관념, 법정신 등이 있다.[7] 그러나 법문화, 법감정, 법관념, 법

---

7) '법문화'(Legal Culture)는 매우 광범한 의미로 사용되는 용어인데 대체로 한 사회에 있어서 법 또는 법체계에 대한 태도, 가치관, 의견을 가리킨다고 규정지을 수 있다(양건, 1986: p.207). 개인에 따라 다르게 나타나는 가치관, 의견과 달리 한 국가 또는 한 집단 내에서 공통적으로 나타나는 법에 대한 태도를 법문화라고 부르는 것이다. 사람들이 법의 정당성에 대해 어떻게 생각하고 있고 어느 정도로 존중하고 있는지, 법에 대한 신뢰와 관심은 어느 정도인지를 알아보기 위해 국가단위로 실시되는 '법의식 조사'는 좀 더 정확히 표현하자면 법문화에 대한 조사라고 할 수 있을 것이다.

법현상에 대한 정서적 요소를 강조하는 표현으로 '법감정'(Rechtsgefuhl)이라는 용어가 사용되기도 한다. 법감정은 법에 대한 경외심, 불신, 혐오감 등 법에 대한 정서적 반응·태도를 의미한다. 법규범은 기본적으로 정서적 요소를 배제하고 목적합리성을 지향하는 것이기 때문에 법의식에서 정서적 요소의 개입은 바람직하지 않은 것으로 여겨질 수도 있다. 그러나 규범이 내면화되는 과정에서는 법의식이 발전, 전환되는 과정이 필연적이며 법 자체가 정서적 반응을 바탕으로 하는 가치의 표상이라는 점을 고려해 보면 법감정

정신 등의 개념들도 법교육이 지향하는 목표로서의 법적 시민성을 표현하기엔 개념상의 모호함이 크고 일반적으로 사용되는 맥락도 다르다. 즉, 각 개인이 가지고 있는 법에 대한 의식이나 자세를 개념화하기 위해서는 좀 더 그 구성요소와 맥락이 분명해져야 한다. 그래야만 법교육이 지향해야 할 방향과 방법론을 설정하고 그 효과를 명확하게 확인할 수 있는 것이다. 따라서 본 연구에서는 법교육의 목표로 이제까지 사용되어 온 '법의식'의 개념을 사회심리학적인 '태도' 개념을 도입하여 재정의하고자 한다.

② 법의식의 개념과 구성요소

우리는 살아가면서 많은 대상들을 접하게 되고 이 대상을 어떤 방식으로든 자신의 사고체계 안에 받아들여 생각이나 행동을 변화시키게 된다. 이렇게 일상생활에서 환경을 인지하고 해석하며 평가하고 이에 따라 행동하도록 만들어주는 틀의 역할을 하는 것이 '태도'이다.

'태도'(attitude)라는 용어는 라틴어 'aptus'에서 온 것인데 '적응하다, 준비하다'라는 의미를 가지고 있다. 또한 이 단어는 '적성'(aptitude)의 어원이기도 하다. 따라서 어원을 통해 파악해 보자면 태도는 '어떤 사람에게 행동을 준비하는 주관적, 심리적 상태를 제공하는 것'이라고 생각해 볼 수 있다(Erwin, 2001 p.3).

역시 법현상의 이해와 수용에 불가결한 요소라고 볼 수 있다(이영희, 2003, p.177).

법일반에 관한 법의식을 '법관념'(Rechtsvorstellung)이라고도 한다. 법관념은 법일반에 대한 법의견 또는 법의식을 말한다. 이 단계에서 법의견과 법의식은 구별되지 않으며 명확한 형태를 갖춘 것도 아니다. 즉, 법에 관해 갖는 대강의 인식을 법관념이라고 부르므로 앞서 서술한 법의식 혹은 법의식에 비해 훨씬 모호한 상태를 가리키는 용어로 볼 수 있다.

법정신(Rechtsethos)도 법관념과 유사하게 사용되지만 법관념이 내면화되어 법행동에 있어 지주와 같은 역할을 행하는 상태라는 점에서 약간의 차이가 있다(Rehbinder, 1984: p.172). 또한 이러한 법관념이 좀 더 체계화된 이념으로 진전, 발전되거나 교조화된 체계를 갖출 경우 '법이념'(Rechtsidee)이나 '법이데올로기'(Rechtsideologie)라고 불리기도 한다.

태도는 행동의 원인이 되는 사고구조로서 오랫동안 사회심리학에서 주요한 주제 중 하나로 다루어져 왔다. 태도와 관련된 초기의 정의로 토마스와 즈나니에키(Thomas & Znaniecki, 1918)가 말한 '한 개인의 어떤 대상에 대한 마음의 상태'를 들 수 있다. 이 정의에서 특이한 점은 태도가 특정한 대상을 향한 것이라는 '지향성'(orientation)을 가지고 있다는 것을 밝힌 점이다. 태도는 모든 대상을 향한 것이 아니고 심리적으로, 개인적으로 중요한 것(significant other)에 대해서만 갖게 된다. 이는 한정된 인지적 자원을 경제적으로 사용하기 위한 노력이다. 이렇게 특정한 대상을 인식한다는 점을 강조한다는 의미에서 이 정의는 '인지적 요소'를 제시한 것으로 볼 수 있다.

그러나 이 정의에서 과연 '마음의 상태'가 무엇이며 어떻게 그런 상태에 이르게 되는지에 대한 설명은 충분히 되어 있지 않다. 이런 문제점에 대한 보완으로 써스톤(Thurstone, 1931)은 태도를 '어떤 심리적 대상에 대한 좋거나 싫은 정서'라고 설명하여 '마음의 상태'를 긍정적 혹은 부정적인 감정이나 정서로 파악했다. 즉, 써스톤은 태도의 정의에 인지적 요소와 함께 정서적 요소를 추가하여 제시한 것이다.

태도에 관한 가장 유명한 정의는 올포트(Allport, 1954)의 것이다. 그는 태도를 '어떤 사람(혹은 물건)에 대하여 특정한 방식으로 생각하고 느끼고 행동하려는 학습된 성향'이라고 정의하였다. 이 정의는 여러 가지 중요한 의미를 담고 있다.

첫째, '학습된'이라는 말은 태도가 타고나는 것이 아니라 사회적으로 구축되는 것임을 의미한다. 물론 일부 연구들에서는 생물학적으로 유전되는 성향이 태도의 습득에 영향을 준다는 결과를 내놓고 있기도 하지만 경험이 태도의 궁극적 결정요인이라는 점은 일반적으로 인정되고 있다.

둘째, '성향'(predisposition)은 대상을 접하기 이전에 미리 갖추고 있는 입장이나 사고의 틀을 의미하는 것으로 태도가 세상을 바라보는 창

문의 역할을 하게 됨을 보여준다. 이와 연관된 연구로 미식축구 응원자들에 대한 연구에서 상대팀으로부터는 반칙을 더 잘 발견해 내고 자신의 팀에게서는 좋은 득점 기회들을 잘 포착해 내는 경향을 발견한 연구도 있었다(홍성열, 2004: p.241).

셋째, 이 정의의 핵심은 태도에 관한 앞선 정의들이 제시한 인지, 정서라는 요소에 '행동'을 추가하였다는 점이다. 올포트의 이 정의는 '태도의 삼자 모형'(the triadic model of attitude)으로 불리며 태도에 관한 고전적인 정의이자 모델로 자리 잡게 된다. 즉, 어떤 대상을 인지하고, 그에 대한 호/불호의 감정을 갖게 되어, 특정 행동을 하거나 하지 않게 되는 일련의 잠재적 처리과정 전체를 '태도'로 칭한 것이다. 이러한 종합적인 정의를 바탕으로 사회심리학에서 태도 연구가 완결성 있는 체계를 갖추게 되었다.

최근의 연구에서는 태도가 직접적으로 행동으로 연결되지는 않으므로 올포트의 정의 중 행동의 차원을 태도와 분리하여야 한다는 주장이 제기되고 있다. 즉, '태도'의 요소에 포함된 '행동'은 행동 그 자체가 아니라 행동을 하려는 마음의 자세를 갖는 것으로 한정되어 설명되어야 하며 이러한 마음자세를 갖는다 하더라도 여러 가지 현실적 제약이나 복합적 요소의 작용으로 실제로 행동에 이르지 못하게 될 가능성이 있으므로 태도에서 행동에 이르는 과정은 별도로 연구되어야 한다는 것이다. 이러한 연구경향을 대표하는 학자로 아젠과 피시번(Ajzen & Fishbein)을 들 수 있다. 이들은 태도의 삼요소에서 행동 대신 '행동의 도'를 포함시켜 다양한 태도의 요소들은 행동의도의 형성으로 종합될 수 있다고 주장하였다(Ajzen & Fishbein, 1980). 그러나 이들의 주장은 태도의 삼요소를 부정한 것이 아니라 행동과 관련된 내용을 상세화한 것으로 이해될 수 있으며 인지적 요소, 정서적 요소, 행동적 요소 등 세 요소가 태도의 주된 구성요소라는 점은 여전히 인정되고 있다.

이와 같이 태도의 기본 요소로서 공통적으로 강조되는 것이 '인지,' '정서,' '행동'의 세 가지 영역들이다. 이러한 접근은 태도의 고전적 모형, 삼자 모형이라고 부르기도 하고 알파벳 이니셜을 따서 '태도의 ABC 모형'(Affection, Behavior, Cognition)이라고도 한다. 따라서 법의식 역시 이러한 세 가지 영역들을 중심으로 개념화할 수 있을 것이다. 이를 위해 태도 관련 연구에서 제시되고 있는 이 세 영역들의 특징을 좀 더 자세히 살펴보도록 하자.

'인지'(Cognition)는 흔히 '지식'(knowledge)과 혼동되는 일이 많지만 그보다 더 포괄적인 개념이다. 즉, 특정 대상에 대해 가지고 있는 모든 생각과 지식을 통칭하는 것으로 이러한 범주에는 신념이나 지각방식, 지식 등이 모두 포함될 수 있다. 예를 들어 '낙태'라는 대상을 인지할 때 낙태 자체가 무엇인지 아는 것과 함께 '낙태는 살인행위이다'라고 파악하는 것도 지식의 특정영역을 선택하는 일종의 지각방식으로 태도의 인지적 영역에 속하는 것으로 볼 수 있다. 사회심리학적으로 인지는 '대상의 어떤 면들과 그 심리적 중요도 간의 지각된 관계'(Erwin, 2004: p.17)라고 정의되기도 한다. 즉, 대학교육과 직업적 성공 간의 관계를 지각하는 수준이 '대학교육'에 대한 태도에서 인지적 요소라는 것이다.

'정서'(Affection)는 태도의 감정적 영역으로, 인지된 어떤 대상에 대해 긍정적, 부정적 평가를 내리는 것이므로 '평가적 영역'이라고 불리기도 한다. 앞서 설명한 낙태의 사례에서 '낙태는 끔찍한 일이다'라고 평가하는 것을 낙태에 대한 정서적 태도라고 할 수 있다. 그러나 정서적 요소는 단순히 좋다, 나쁘다로만 표현되는 것이 아니라 중요하다, 중요하지 않다라거나 친근하다, 낯설다 등 다양한 감정적 요소를 포함하고 있다.

'행동'(Behaviour)은 초기엔 단순히 자신이 가지고 있는 태도에 따라 행동하는 것을 의미했다. 그러나 태도가 행동으로 나타나는 과정에서 여러 가지 요인들이 개입되어 행동이 이루어지지 않거나 왜곡될 수 있기 때문에 최근의 이론가들은 행동적 요소를 행동 자체가 아니라 어떠한 식으로 행동하고자 하는 성향이나 경향, 행위의도로 보고 있다. 즉,

내가 낙태에 관한 인지와 감정적 평가의 결과 '낙태를 하지 않겠다'라거나 '낙태 반대 시위에 참여하겠다'라는 행동경향을 갖게 되는 것이 태도의 행동적 요소라는 것이다.

태도를 구성하는 이 세 가지 요소는 중첩되는 것이 아니라 각기 독립적이다. 일반적으로는 인지적 요소와 정서적 요소 간의 일관성이 높은 것으로 나타난다. 이 두 요소 간의 관계에 대해 인지적 요소가 먼저 갖추어지고 나서 이에 대한 정서적 요소가 발생한다고 생각하기 쉬우나 거꾸로 어떤 대상에 대한 감정이나 평가가 먼저 생기고 이에 따라 인지가 추가적으로 발생한다는 연구도 있다. 즉, '인지 → 정서 → 행동'의 순차적인 진행과정으로 이해되는 태도는 실제로는 '(인지 ↔ 정서) → 행동'의 과정으로 이루어지게 된다는 것이다. 또한 인지적 요소와 정서적 요소가 일치하는 수준이 높을수록 태도가 안정적이어서 잘 변하지 않는다는 연구도 있어 태도와 관련된 교육에서 인지적 요소의 전달만큼이나 이에 대한 정서적 반응에 주의를 기울일 필요가 있음을 알 수 있다.

이상에서 살펴본 사회심리학상의 '태도' 개념을 법의식의 문제에 적용하여 '법의식'의 개념을 설명할 수 있다. 법의식을 구성하는 요소 역시 태도의 구성요소와 마찬가지로 인지적(Cognitive), 정서적(Affective), 행동적(Behavioral) 영역의 세 가지 차원으로 구분할 수 있다.

법의식의 인지적 차원은 처음엔 법적 지식을 가리키는 것으로 좁게 이해되었으나 후속 연구들을 통해 좀 더 확장되었다. 박성혁의 연구(1992)는 법의식 개념이 기존의 법의식 개념에 사회심리학적 태도의 개념을 적용한 것임을 분명히 하여 앞선 연구들보다 한 걸음 더 나아가고 있다. 그는 법의식에 관한 기존의 연구를 재구성하면서 법의식의 인지적 영역에 '법이해도'를 포함시켰다. 법이해도란 단순한 법지식을 의미하는 것이 아니라 법인식의 근대화 정도를 평가하기 위한 개념이다. 법인식의 유형은 크게 전근대적 법인식과 근대적 법인식으로 나누어볼 수 있는데 전근대적 법인식은 신적, 초월적 법률관, 징벌적·형벌

적 기능에 대한 강조로 특징 지워지는 반면 근대적 법인식은 도구주의
적, 계약적 법률관을 강조한다는 것이다. 법의식의 인지적 영역을 지식
을 넘어서 법에 대한 인식 방법으로까지 확장했다는 점에서 의의를 지
닌 연구였다.

탭과 레빈의 연구도 법의식의 인지적 차원을 다룬 것으로 포함시킬
수 있다. 피아제, 콜버그의 인지발달론을 확장하여 법에 대한 의식 및
개념화를 6단계로 유형화한 탭과 레빈의 연구(Tapp & Levine, 1977)는
법을 인식하는 방식을 벌과 복종 중심의 전 인습적 단계, 권위에 의해
인정되는 것을 옳게 여기는 인습적 단계, 객관적인 원리에 의한 판단
을 강조하는 후 인습적 단계로 구분하였다. 또한 문용린은 이 연구를
우리나라의 상황에 적용하여 연령, 성별, 비행경향성과 법적 추론 단계
가 갖는 연관성을 밝히기도 했다(문용린, 1991).

법의식의 정서적 차원에 대한 연구는 주로 법에 대한 친밀감이나 신
뢰감의 차원에서 많이 이루어졌다. 특히 국민들이 법에 대해 느끼는 감
정에 대한 연구는 정책적 차원에서도 주기적으로 이루어져 왔다(임희섭,
1978, 형사정책연구원, 1990, 법무부, 2005). 그러나 구체적으로 그러한
정서적 차원의 법의식이 개인의 행동변화에 어떤 의미를 갖는지에 대한
연구는 많지 않았다. 그런 의미에서 김준호의 연구는 주목해 볼 만하다.
김준호(1996)는 법의식을 '추론'과 '태도'의 두 가지 차원으로 구분하면
서 이 중 '태도'에 ① 법사회환경의 정당성에 대한 정서적 평가 ② 중화
기제의 형성 ③ 법위반에 대한 우호적 태도의 형성을 포함시켰다. 그는
법규범의 수용자가 법을 집행하는 권위체에게 행위를 지도할 권리가 있
다고 느끼는 '정당성에 대한 평가'와 위법적 행위에서 오는 책임감을 약
화시키고 비행을 용이하게 하는 '중화기제의 형성', 이것이 좀 더 적극
적인 형태로 나타나 '법위반 행위 자체에 우호적인 태도를 형성하는 것'
이 비행과 밀접한 연관을 지니고 있음을 밝혔다. 그러나 그가 제시한
세 가지 요소는 '태도'라는 포괄적 차원에서 다루어질 것이 아니라 법의
식 가운데 정서적 영역에 해당하는 내용들로 좀 더 세밀하게 구분하는

것이 타당할 것이다. 즉, 그는 법의식의 정서적 차원이 비행과 밀접한 관련을 맺고 있음을 밝혔으며 그 가운데서도 법위반에 우호적인 태도가 비행행동에 큰 영향을 준다는 것을 발견했다.

한편 법의식의 행동적 차원을 다룬 연구들도 있다. 예를 들어 사회적 지지가 비행청소년의 사회적 문제해결 능력에 미치는 영향을 연구한 김경희(1998)의 논문은 문제해결 능력을 법적 효능감과 사용의사로 보았다는 점에서 행동적 차원에 관한 연구로 볼 수 있다. 또한 박성혁(1993)은 좀 더 종합적인 차원에서 법교육이 학생들의 법적 관용성 발달에 미치는 영향을 연구했다. 법적 관용성이란 단순히 죄를 지은 사람들을 용서해 줄 수 있는가가 아니라, 법적으로 보장되는 권리를 자신이 싫어하거나 인정하기 어려운 상대에게까지 확장할 의사를 가지고 있는가를 의미하는 것이다. 따라서 법적 권리의 목록에 대한 지식의 차원도 일부 관련되어 있으나 그보다는 이러한 지식을 실제 생활에서 적용하고 스스로 그렇게 행동할 의사를 가지고 있는지 묻는 것이므로 역시 행동적 차원을 강조한 연구로 볼 수 있을 것이다. 그러나 법의식의 행동적 차원은 인지, 정서적 차원의 태도들이 복합적으로 작용하여 구성되는 일종의 결과물과 같은 성격을 띠므로 선행연구들에서도 그 차이가 명확하게 드러나지 않으며 그러한 차이를 만들어내게 된 변수도 불분명하다는 한계가 있었다. 예를 들어 김경희의 경우 '사회적 지지'라는 요소가 인지적 차원의 문제인지 정서적 차원의 문제인지 구분하지 않고 있으며 법교육 사례연구 수업이 고급 사고력에 미치는 영향을 연구한 이철희(2002)의 경우 법교육 수업이 의사결정력에는 통계적으로 유의미한 영향을 미치지 못했다는 결론을 내리기도 했다. 또한 이러한 행동적 차원의 복합성, 독자성은 태도와 관련된 기존의 연구들에서도 확인되고 있다. 따라서 법의식의 행동적 차원은 인지적, 정서적 차원과 상대적으로 분리되어 있으며 그 변화가 더 느리게 나타날 것으로 예상할 수 있다.

이와 같이 법의식은 인지적, 정서적, 행동적 영역으로 구성되어 있다. 법의식의 인지적 영역에는 법적 지식, 법에 대한 인식, 법의 필요성에 대한 자각, 법적 추론 단계 등이 포함될 수 있으며 정서적 영역에는 법적 동일시감, 친근감, 신뢰감, 중화기제, 법위반에 우호적 태도 등의 요소들이 포함될 수 있다. 또한 법적 효능감, 법 사용의사, 법적 관용성 등은 법의식의 행동적 요소들로 볼 수 있다. 이제 이러한 법의식을 형성하고 또 이미 형성된 법의식을 변화시키기 위해서는 어떤 노력이 필요할지 사회심리학에서 연구되어 온 태도 개념을 중심으로 살펴보도록 하자. 이를 통해 법의식의 변화를 위해 어떤 형태의 법교육이 어떤 방법으로 이루어져야 할지 방향을 설정해 볼 수 있을 것이다.

〈표 6〉 법의식의 개념과 구성요소 비교

학 자	법의식의 정의	분 류	내용 또는 구성요소
레빈더	인간이 법에 대하여 갖는 의식에 대한 총괄적 지칭	법인식	법규범이 존재에 대한 인식, 법지식
		법의견	법규범에 대한 찬반의 의사
		법태도	법규범 준수 여부에 대한 의사
임희섭	법의 타당성에 대한 인식	인지적	법적 지식
		정서적	법적 동일시감
		행동적	법적 능력
이수성	현저하게 법적인 현상에 대한 인지적, 평가적 및 감정적인 심리상황	인지적	법지식의 정도
		평가적	법적 소외감, 법적 신뢰감
본 논문	법에 대해 사람들이 가지고 있는 마음의 자세나 정신	인지적	법적 지식, 법에 대한 인식, 법의 필요성에 대한 자각, 법적 추론 단계
		정서적	법적 동일시감, 친근감, 신뢰감, 중화기제, 비행에 우호적 태도
		행동적	법적 효능감, 법 사용의사, 법적 관용성

(2) 법의식의 형성과 변화

법의식은 사회적인 규범이 내면화되면서 형성되는 것이라고 할 수 있다. 따라서 각 개인이 가지고 있는 법의식은 생득적인 것이 아니고 후천적인 학습을 통해 형성되는 것이며, 사람마다 서로 다른 법의식을 가질 가능성도 높다. 그렇다면 이러한 법의식은 어떤 과정을 통해 형성되며 여기에 영향을 주는 요소는 무엇일까? 법의식의 형성과정을 사회심리학의 '조건화 이론'을 중심으로 살펴보도록 하자.

태도는 '사회화'를 통해 형성된다. 앞서 태도에 관한 올포트의 정의에서 사용된 '학습된'이라는 단어가 잘 보여주는 바와 같이, 태도의 형성에는 생득적인 성향이 일정부분 영향을 주지만 가장 중요한 태도 형성의 계기는 사회 속에서 후천적인 경험과 학습을 겪는 것이다. 그러나 단편적인 사고나 느낌이 아니라 일정한 경향성을 지닌 '태도'가 형성되기 위해서는 그러한 경험이 특정한 조건에서 반복되거나 중요성을 지닌 상황을 통해 전달되어야 한다. 이러한 태도 형성의 과정을 설명하는 이론이 '조건화 이론'이다.

태도 형성의 계기가 되는 조건화에는 도구적 조건화, 고전적 조건화, 관찰학습의 세 가지 종류가 있다(이광자 외, 2002: p.120). 먼저 '도구적 조건화'는 특정한 행동이나 태도가 사회적으로 보상을 받거나 처벌을 받는 경험이 반복되면서 '강화'되는 것이다. 예를 들어 어른을 공경하는 태도를 갖거나 인사를 잘한다면 그러한 태도나 행동은 칭찬과 인정이라는 보상을 받아 긍정적으로 강화될 가능성이 높다. 반대로 예의 없는 태도나 행동을 보인다면 야단을 맞거나 벌을 받는 등 부정적 강화가 이루어지기 때문에 이런 과정이 반복되면 웃어른에 대한 태도가 형성될 수 있는 것이다. 이러한 도구적 조건화는 태도 형성에서 가장 일반적인 방식이지만 태도나 행동의 가치에 비해 보상이 너무 클 경우 자신이 태도를 갖는 이유를 태도 자체의 가치보다는 보상의 가치에 두어 태도가 형성되지 못할 수 있다. 예를 들어 인사를 잘 할 때마다 초콜릿을 준다면 인사를 잘 하는 것 자체가 좋고 중요하다고 생각하기보다는 초콜릿을 받기 위해 인사를 해야 한다고 생각해서, 초콜릿을 주지 않게 되면 특정 태도나 행동을 그만두고 역으로 적절한 보상이 주어지지 않는 것에 대해 부정적 태도를 가질 수도 있다는 것이다.

다음으로 '고전적 조건화'는 자극(Stimulation)과 이 자극에 따른 반응(Reaction)을 조합하여 하나의 태도가 형성되는 것이다. 주로 반복적인 중성자극과 특정 반응을 일으키는 자극이 결합될 경우 고전적 조건화가 이루어지게 된다. 예를 들어 붉은색과 흰색으로 이루어진 타일에 붉은색 타일에만 전기가 흐르도록 하고 쥐를 올려놓을 경우, 쥐가 붉은색 타일을 밟았다가 감전되는 경험을 몇 차례 하고 나면 이후 그 쥐는 붉은색 자체를 경계하고 가까이하지 않으며 붉은색 상자에 넣는 것만으로도 고통을 느끼게 된다. 이러한 태도 형성은 논리적 추론 과정이나 개인의 의사결정 과정이 결여된 상태에서 이루어지기 때문에 비교육적이라는 비판을 받기도 한다. 그러나 태도 형성의 초기단계에서는 강화가 이루어질 기본적인 정보나 행동원칙조차 모르는 상황이기 때문에 고전적 조건화에 의한 태도 형성이 필요하다고 여겨지고 있다.

앞선 두 가지 태도 형성과정은 특정한 단일 태도의 형성을 설명하는 데는 효과적일 수 있으나 복합적인, 그리고 다양한 태도의 형성을 폭넓게 설명하기는 어렵다. 사실상 사람들은 자신이 인지하는 대상 전반에 대해 어떤 태도들을 가지고 있는데 이 태도들이 모두 보상과 강화, 자극과 반응을 반복하면서 구성되었다고 보기는 어렵기 때문이다. 따라서 대부분의 태도들은, 특히 초기단계에서는 타인을 관찰하는 '관찰학습'에 의해 형성되었다고 설명하는 쪽이 좀 더 설득력을 가질 수 있다. 예를 들어 어린 아이들이 걷고 말하고 어떤 것을 좋아하거나 싫어하는 것들은 대개 부모의 행동이나 태도를 관찰하고 따라하면서 익혀지는 경우가 많다. 또는 다른 사람이 어떤 행위를 했을 때 그 행위가 보상을 받는 것을 관찰하게 되면 자신도 그렇게 행동하려고 한다거나(형제간에 나타나는 태도의 유사성도 이렇게 설명할 수 있다) 친구의 태도에 영향을 받기도 한다. 특히 연예인이나 위인 등 인격적 역할모델(Role-model)의 경우, 중요한 태도에서 매우 사소한 태도에 이르기까지 대단히 포괄적인 영향을 미치게 된다. 최근엔 영화나 TV 등 대중매체에 노출되는 시간이 늘어나고 이러한 매체에서 다양한 태도와 행동패턴, 이에 대한 보상들이 제시되면서 대중매체가 태도 형성에 미치는 영향력이 커지고 있다. 이러한 현상들 역시 '관찰학습'이라는 과정을 통해 태도의 변화가 일어나는 것으로 설명할 수 있을 것이다.

이상과 같은 태도 형성 이론들은 법의식의 형성과정에 대한 설명에도 도움을 줄 수 있다.

먼저 '고전적 조건화' 이론은 주로 초기단계의 법의식 형성과정과 관련된다. 반복되는 중성자극에 대한 반응강화로 요약될 수 있는 고전적 조건화는 논리적이고 복합적인 사고가 어려운 초기 사회화 단계의 아이들이 사회적 행위의 방식을 습득하는 과정을 설명할 수 있다. 즉, 부모나 영향력 있는 성인들로부터 반복적으로 주어지는 행위 규칙에 따르는 행동은, 비록 그러한 행동이 갖는 의미나 효과를 충분히 인지하지 못한 상황이라 할지라도 사회적으로 인정되는 행위방식을 내면화하는 데 도움을 줄 수 있다.

다음 단계에서는 각각의 규칙에 대한 준수나 위반 행위에 대해 보상이나 처벌이 따르는 '도구적 조건화'를 거치게 된다. 그러나 이러한 도구적 조건화 과정에서 보상이나 처벌이 지나치게 크다면 법의식을 형성하는 데 실패할 가능성이 높다는 점에 주의해야 한다. 뒤에 설명하겠지만 조건화에 의한 태도변화는 행동의 변화를 통해 역으로 태도를 바꾸도록 유도하는 것이다. 즉, 자신이 취한 행동의 의미나 스스로의 내면에 일어난 변화를 인식하도록 하여 사고의 구조를 바꾸도록 하는 것이다. 그런데 어떤 준수행위에 대한 보상이 지나치게 크다면 그 행동이 자신의 의지로 한 것이 아니라 주어지는 보상을 위해 한 것으로 인식하여 법의식과 준수행동을 분리하여 생각하게 되고 심지어 기대되는 보상이 주어지지 않을 경우 규칙 자체를 부정하는 결과로 나아갈 수도 있다. 반대로 처벌이 과도할 경우 준수 행동을 단순히 처벌을 피하기 위해 하게 되므로 역시 태도와 행동의 분리가 나타나며 처벌의 위협이 사라진다면 예전과 똑같은 태도를 보이거나 처벌이 반복된다

해도 여기에 익숙해져서 행동이 향상되지 않는 문제가 발생할 수 있다. 이러한 문제사례는 특히 반복되는 처벌과 제재, 그리고 사회적으로 과도한 관심과 온정이 교차하는 청소년 비행의 영역에서 쉽게 찾아볼 수 있다. 처벌의 목표에 대한 체계적 고민 없이 관행적으로 주어지는 처벌을 받거나 교정기관, 사회보호시설에서 주어지는 지원과 보호에 익숙해져 처벌이나 보호시설 수용 당시에는 완전히 달라진 것처럼 보이던 아이들이 사회에 나가면 금세 비행을 반복하는 경우가 적지 않다. 따라서 법교육에서 주어지는 보상과 처벌의 '도구적 조건화'는 '법의식의 변화'라는 목표를 분명히 인식하고 이에 적절한 수준에서 이루어지도록 조절될 필요가 있다.

복합적 태도 형성과정에서 역할모델의 중요성은 법의식 형성과정에서 직접적인 조건화나 지식전달만큼이나 긍정적 권위체와의 상호작용 경험을 제공하는 것이 필요하다는 사실을 알려준다. 특히 사회화가 가장 활발하게 일어나는 청소년 단계에서는 각 개인이 갖추어야 할 태도의 대상과 종류가 다양하고 그 양도 많아서 일일이 특정한 태도를 전달하는 것이 어렵다. 또한 청소년기엔 기존의 권위나 규칙을 거부하는 주변인적 성격이 강해진다는 것도 태도 형성을 어렵게 하는 요소로 작용한다. 따라서 이 시기의 청소년들에게 올바른 법의식을 정립시키기 위해서는 긍정적인 성인이나 법적 권위체, 건전한 동료들과 상호작용을 갖도록 유도하여 역할모델을 설정하도록 하는 것이 큰 도움을 줄 수 있다.

이렇게 형성된 태도는 다른 사람과의 상호작용 과정에서 변화하게 된다. 태도변화를 가져오는 의도된 커뮤니케이션의 과정을 '설득'(persuasion)이라고 한다. 설득의 과정은 결국 태도를 변화시키기 위한 의도된 과정이므로 법의식에 있어서는 법교육의 과정에 해당한다고 볼 수 있다. 따라서 설득의 과정과 방식을 살펴봄으로써 법의식의 변화에 효과적인 법교육의 방법을 찾아볼 수 있을 것이다.

설득으로 인한 태도변화의 과정은 '의사전달자 – 메시지 – 대상특성 – 효과'로 이어지는 일련의 과정으로 설명할 수 있다(이광자 외, 2002: p.138).

먼저 '의사전달자'(communicator)의 경우 전문성, 신뢰성, 매력성, 다수성이 설득의 효과를 결정한다. 즉, 메시지를 전달하는 사람이 해당 분야에 높은 전문성을 가지고 있다고 인식될 경우, 상대방과 사회적 정체성이나 목표가 같거나 메시지 전달이 자신의 이익을 위한 것이 아니라고 여겨질 경우, 신체적 감성적인 매력을 가지고 있거나 서로 무관한 다수의 사람들이 같은 메시지를 전달할 경우 태도변화에 더 큰 영향을 준다는 것이다. 따라서 법교육 과정에서도 학생들에게 전문가로 인식될 수 있는 다수의 사람들이 공공의 목적으로 법교육 과정에 참여할 경우 효과적일 것으로 예상할 수 있다. 이것은 여러 가지 측면에서 해석될 수 있다. 법교육을 담당하는 교사가 일정 수준 이상의 전문성을 확보해야 한다는 뜻인 동시에 외부 자원으로서 법조인이나 지역사회 전문가가 법교육 과정에 참여하는 것이 효과를 보일 수 있다는 의미이기도 하다. 특히 외부 인사들의 교육과정 참여는 학생들에게 익숙한 교사의 의견 외에 다양한 사회적 입장들을 보여준다는 점에서도 설득효과가 높을 것으로 예상할 수 있다.

다음으로 '메시지'는 불일치, 공포, 양면성의 전략이 설득의 효과를 높일 수 있다. 즉, 기존에 대상자가 가지고 있던 정보와 차이를 보이는 메시지를 전달할 경우, 행동에 따르는 부정적 결과를 인식시킬 경우, 설명하는 내용의 장단점을 모두 균형 있게 전달할 경우 태도가 더 크게 변화하고 안정화된다는 것이다. 법교육 과정에서도 법의 긍정적인 측면만을 과도하게 부각시키기보다는 법이 가지고 있는 한계와 문제점, 위법행동에 가해지는 제재에 대해서도 충분히 언급하는 것이 필요할 것이다.

'대상 특성'은 설득과정에서 전달되는 메시지는 대상의 특성을 고려해서 내용과 방법이 선택되어야 한다는 것이다. 예를 들어 지능이 낮을 경우 단순한 메시지를 잘 받아들이는 반면 지능이 높은 학생들은 단순한 메시지를 지겨워하고 대신 복잡한 메시지에 더 흥미를 갖게 된다. 또한 대상과 관여도가 높은 문제를 제시해야 하며, 제시한 내용이 대상과 갖는 관계를 설명하여 자기 자신의 문제로 인식하도록 할 필요가 있다. 특히 법교육은 대상과 그 대상의 특성이 매우 다양한 편이다. 공교육제도하에서 일반적인 학생들을 대상으로 실시될 수도 있으나 사회에서 평생교육의 일환으로 성인들을 대상으로 할 수도 있고 비행청소년이나 교정기관 수용자들을 대상으로 이루어질 수도 있다. 따라서 법의 체계나 내용특성에 따라 일률적으로 수업방식을 정하기보다는 대상 특성을 더 중요하게 고려한 수업과정이 구성될 필요가 있다.

이러한 설득과정의 효과는 여러 가지로 나타날 수 있다. 원래 목적인 '태도변화'가 일어날 수도 있으나 메시지를 거부하거나 논쟁을 벌일 수도 있고 판단을 유보한다거나 심지어 메시지를 전달한 의사전달자를 격하시키는 결과를 가져올 수도 있다. 원칙적으로 강제성을 담고 있는 법과 관련된 태도의 변화에는 이러한 부작용이 일어날 가능성이 더욱 높으므로 법교육 과정은 설득에 따른 대상의 변화를 면밀히 살피면서 진행될 필요가 있다.

일반적으로 개별적인 행동이 아닌 일관된 사고 및 행동패턴으로서의 '태도'는 잘 변화하지 않는 것으로 인식되고 있다. 상황에 따라 각기 다른 행동을 보이는 일은 있으나 기본적인 태도에는 별다른 변화가 일어나지 않는 이유는 뭘까? 두 가지 정도의 설명이 가능하다(이광자 외, 2002: p.133).

첫째, 사람들이 자신의 태도를 지각하지 못하고 있기 때문이다. 실제로 대부분의 사람들은 생활 속에서 크고 작은 인지부조화를 겪으며 살아가고 있다. 즉, 자신이 가지고 있는 사고와 행동, 행동과 행동 사이에 일관성이 결여되고 심지어 서로 모순되는 형태로 살아가는 경우가 많다는 것이다. 기본적으로 생활 속에서 인간의 대부분의 행동은 무의식적, 비사고적으로 이루어지기 때문에 이러한 인지부조화 속에서도 큰 문제없이 살아갈 수 있다. 그러나 어떤 계기에 의해 그러한 인지부조화를 인식하게 된다면 대단한 심리적 부담과 불편함을 갖게 되고 이를

해소하기 위해 노력하게 된다. 즉, 태도와 행동이 변화하게 되는 것이
다. 따라서 법의식의 변화를 통한 행동변화를 목표로 하는 법교육은
대상 학생들에게 자신이 가지고 있는 법적 태도를 인식시키는 것에서
부터 시작될 수 있다. 이를 통해 상호 모순된 태도와 행동들을 바로잡
도록 하고 건전한 법의식을 육성할 수 있다. 또한 장기적으로는 자신
이 하는 행동 하나하나를 법적 인지를 통해 확인하여 일관성을 유지할
수 있도록 유도해야 한다. 이러한 자기 행동의 법적 인지를 통한 사고
방식이 바로 법교육에서 강조하는 '건전한 법의식'이라고 할 수 있을
것이다. 법교육은 학생들에게 바로 이 '건전한 법의식'을 내면화하도록
하여 태도와 행동을 변화시킬 수 있다.8)

　태도가 쉽게 변화되지 않는 두 번째 이유는 태도의 구조적 안정성과
관련된 것이다. 태도는 수직적 태도와 수평적 태도가 교차하면서 조직
되어 있다. 수직적 태도는 우선순위를 갖는 태도로서 앞선 낙태의 예
에서 종교적 신념과 건강상의 우려 때문에 낙태에 반대할 경우 종교적
신념이 좀 더 중요하다고 생각한다면 종교적 신념은 상위태도, 건강상
의 우려는 하위태도가 될 것이다. 이에 비해 수평적 태도는 우선순위
가 없이 서로 경합하는 판단요소들로서 낙태문제에서 어떤 사람이 건
강상의 우려, 낙태에 드는 비용, 자기 신체에 대한 결정권 등의 요소들
에 비슷한 중요성을 느끼고 있다면 이러한 요소들은 수평적 태도를 구
성하게 된다. 이렇게 수직적 태도와 수평적 태도는 상호 연결되어 하
나의 인지구조를 구성하고 있으므로 만일 한 태도가 변화할 경우 다른

---

8) 이와 비슷한 의미로 사용되는 용어로 '법적 사고(legal mind)'가 있다. 그러
　나 법적 사고는 일반인들이 아니라 법률가들이 가져야 할 사고의 태도를 가
　리키는 것으로 협소하게 이해되어 왔다. 어떤 법적 문제가 있는 경우에 그
　법적 문제에 포함된 여러 쟁점들을 추출해 내고 각각의 쟁점에 대해 자신의
　주장을 논리적으로 명확하고 설득력 있게 전개할 수 있는 능력 즉, '법적 논
　증'(legal reasoning)의 능력이라는 것이다(양건, 2005: p.145). 그러나 법적 사
　고는 법률가들에게만 국한된 기술적 문제라기보다는 법을 접하고 이용하는
　이들 모두가 갖추어야 할 사고태도로 확장하여 이해되어야 할 것이다.

태도들도 연쇄적인 부조화를 겪을 수밖에 없다. 따라서 어떤 교육이나 경험을 계기로 자신의 태도나 행동이 일부 부조화되는 측면이 있다는 점을 인식하더라도 이를 변화시킴으로서 전체적인 사고의 틀을 변화시키는 것에 부담을 느껴 부조화 상태를 그대로 유지하려 한다는 것이다. 비행에 오랫동안 익숙해져 온 학생들이 효과적으로 구성된 교정교육이나 체험활동을 통해서 자신의 문제점을 인식하더라도 전체적인 태도의 변화로 이어지지 않는 것도 이러한 측면에서 설명될 수 있다. 이를 극복하기 위해 법교육은 더 큰 체계와의 조화를 강조할 필요가 있다. 법교육에서 다루어지는 '법'은 사실상 사회 전체의 체계와 운동 원리이므로 법과의 부조화는 단순한 개별 태도요소의 부조화가 아니라 개인의 전체적인 사고구조와 사회구성 원리 사이의 부조화라고 볼 수 있다. 따라서 더 큰 체계와의 인지적 조화를 위해 개별적인 태도요소들을 변화시키는 것이 더 합리적이고 효율적임을 강조한다면 관행적으로 태도를 유지하려는 자세를 극복할 수 있을 것이다.

그렇다면 이러한 법의식의 변화는 행동의 변화를 가져올 수 있을까? 달리 말하자면, 법의식을 측정함으로써 법 관련 행동의 변화를 예측할 수 있을까? 사회심리학 영역에서의 연구들은 공통적으로 태도가 행동 결정의 중요 요소임을 인정하고 있다. 그러나 태도가 직접적으로 행동을 결정하는지에 대해서는 다양한 이견이 존재하고 있다. 일단 태도가 형성되었다 해도 그것이 행동으로 이어지는 데는 많은 현실적인 변수들이 개입되기 때문이다. 따라서 일부 학자들은 '행동'과 '행동의도'를 분리하여 태도는 직접적으로 행동의도를 형성하는 역할을 한다고 주장하기도 한다(Fishbein & Ajzen, 1975). 그러나 이런 주장은 의도에 따라 이루어지는 의지적, 계획적 행동을 설명하는 데는 적합하지만 습관적이고 충동적인 행동들은 설명할 수 없다는 비판을 받기도 한다. 더구나 태도가 먼저 형성되고 행동이 뒤따른다는 일반적인 생각과 달리 실제로는 행동에 의해 태도를 지각하는 일도 많으므로 태도를 통한 행동의 결정 혹은 예측은 더욱 어려워지고 있다.

따라서 최근의 연구들은 어떤 태도가 행동으로 이어지는 확률이 높은지 '일치요인'을 찾는 쪽에 집중되고 있다. 상대적으로 높은 태도 일치요인들을 살펴봄으로써 태도변화를 목적으로 하는 법교육의 효과적인 방안을 생각해 보도록 하자. 태도와 행동의 일치도를 높이는 요인으로는 대략 네 가지 정도를 생각해 볼 수 있다(홍성열, 2004: p.83).

첫째, '일반적 태도'보다는 '특정 태도'가 행동으로 이어질 가능성이 높다. 예를 들어 피임에 대한 태도를 일반적으로 물었을 때보다 경구피임약 사용에 대한 태도를 물었을 때 행동에 대한 예측력을 훨씬 높일 수 있다. 따라서 법교육 장면에서도 추상적인 법원칙보다는 생활장면의 특정 상황과 관련된 법적 태도들을 다루는 것이 더 효과적일 것으로 예상할 수 있다. 이는 전문가 양성을 목표로 하는 법학교육과 달리, 태도변화를 주된 목표로 하는 일반인과 학생들을 대상으로 한 법교육이 '생활법 교육'을 지향해야 할 필요성을 시사해 주는 것이기도 하다.

둘째, 태도 자체가 형성되는 과정이 어떠한가에 따라 태도와 행동의 일치도도 달라지게 된다. 태도의 3요소 중 인지적 요소와 정서적 요소가 일치할수록, 직접적인 경험에 의해 형성된 태도일수록, 오랜 시간 동안 안정적으로 형성된 태도일수록 행동으로 이어질 가능성이 높다. 따라서 법교육도 지식만을 전달하는 것이 아니라 직접적인 경험을 통해 학생들의 정서적 반응을 이끌어내고 이러한 교육이 장기간, 반복적으로 이루어질 경우 안정적인 법의식을 형성할 수 있을 것이다.

셋째, '활성화된 태도'가 행동으로 이어질 가능성이 높다. 앞서 서술한 바와 같이 대부분의 사람들은 특정 사물이나 사건에 대한 자신들의 태도를 인식하지 못한 채 생활하는 경우가 많다. '활성화된 태도'란 자신의 태도를 인식하게 하는 것으로 이렇게 일단 활성화된 태도는 행동지침으로 작용할 가능성이 높아지게 된다. 태도의 활성화는 '자기 감시'(self-monitoring)와도 연관된다. '자기 감시'는 타인의 시선에 의해 자신을 판단하고 행동하는 것으로 자기 감시 수준이 높은 사람은 주변 사람이나 분위기에 휩쓸려 행동하게 되므로 태도와 행동의 일관성이 떨어지며 위법행위를 저지를 가능성도 높은 것으로 알려져 있다. 따라서 법교육에서는 학생들이 가지고 있는 자신의 태도나 가치를 명료화하도록 하여 스스로의 판단과 태도에 따라 행동하도록 유도할 필요가 있다. 이를 위해서는 교육과정에서 수동적으로 강의를 듣기보다는 자신의 의견을 피력하고 다른 사람에게 주장하는 기회를 많이 제공할 필요가 있다.

넷째, 상황적 제약에 따라 태도와 행동이 일치될 가능성이 달라지게 된다. 상황적 제약이란 어떤 사람이 행동을 하게 될 때 자신을 둘러싸고 있는 환경과 맥락을 가리키는 것으로 이런 상황적 제약이 클수록 태도와 상관없는 행동을 하게 될 가능성도 높아지게 된다. 예를 들어 담배를 피우는 것에 부정적인 태도를 가진 학생이라도 주변 친구들이 모두 담배를 피우게 되면 어쩔 수 없이 담배를 피우게 될 가능성이 높아진다는 것이다. 이러한 상황적 제약은 단순히 자신을 둘러싸고 있는 물리적 환경보다는 자신이 행동과 판단의 기준으로 삼는 준거집단의 설정에 크게 영향을 받는다. 즉, 범죄가 만연한 환경에서 자라더라도 자신의 삶의 목표와 기준을 건전한 성인집단에 둘 경우 준법의식이 유지될 수 있으며 반대로 유복한 환경에서 자라더라도 비행청소년집단을 동경하고 이에 따라 행동하려 한다면 비행을 저지르게 될 가능성이 높아진다는 것이다. 법교육 과정에서 건전한 성인이나 권위체, 동료집단과의 상호작용을 강조하는 것도 이런 이유라고 할 수 있다. 교육과정을 통해 한 사람의 생활환경 전체를 바꾸는 것은 불가능하겠지만 최소한 보다 건전한 역할모델과 준거집단을 설정할 수 있도록 태도를 변화시킴으로써 행동의 변화 가능성을 높일 수 있는 것이다.

지금까지 법의식이 어떻게 형성되고 변화되며 어떤 조건에서 행동의 변화로 이어질 가능성을 높일 수 있을 것인지 살펴보았다. 법의식의 형성을 효과적으로 하기 위해서는 고전적 조건화와 도구적 조건화를 연령과 상황에 맞추어 적절히 활용하면서 긍정적인 성인이나 법권위체,

건전한 동료들과의 상호작용을 통해 역할모델을 설정할 수 있도록 돕는 것이 중요하다. 또한 이미 형성된 법의식의 변화를 위해서는 전문성을 지닌 다수의 사람들이 교육에 참여하여 양면적인 메시지를 학생들의 특성과 반응을 살펴가며 전달할 필요가 있다. 이러한 법교육 활동은 대상 학생들이 가지고 있는 법적 태도를 인식시키고 부조화와 모순을 깨닫게 하여 자기 행동을 법적 인지를 통해 판단하도록 하는 동시에, 자신을 둘러싸고 있는 더 큰 체계로서의 법체계와 조화를 이루는 행동을 하도록 유도하는 역할을 할 수 있다. 법교육이 목표하는 행동의 변화를 좀 더 효과적으로 이끌어내려면 특정 상황에서의 구체적인 내용들을 다루어야 하며, 장기간에 걸쳐 직접적 경험을 통해 인지적 요소와 정서적 요소가 일치를 이루어 안정적 법의식을 구축하도록 하고, 자신이 가지고 있는 법의식을 확인하고 활성화시킬 계기를 마련해 주며, 긍정적이고 건전한 동료, 성인들을 역할모델로 삼아 상황적 제약을 극복할 수 있도록 다양한 상호작용의 기회를 제공해야 한다. 이와 같은 내용들은 '효과적인 법교육의 방법'으로 활용될 수 있으며 뒤에서 다루게 될 연구 설계에서 설명하고 있는 본 연구에서 사용된 법교육 수업의 내용과 방법에 직접적으로 영향을 주었다.

3. 연구분석틀의 구성

1) 법의식에서의 비행억제요인

이제까지 청소년 비행의 원인에 대한 다양한 이론들과 이러한 이론들의 종합으로서 위험요인, 보호요인, 재활요인 등을 살펴보았다. 앞서 밝힌 바와 같이 위험요인, 보호요인, 재활요인 등은 청소년 비행의 예방과 교정을 위해 통제 혹은 강화되어야 할 요소들을 보다 직접적으로 확인하기 위해 고안된 개념들이다. 그러나 이 세 요인들은 서로 분류기준이나 접근방식이 다를 뿐 아니라 법의식의 요소들과 직접적으로 관련되어 있지 않아 법교육의 효과를 확인하는 데 그대로 활용되긴 어렵다. 즉, 각 요인들에서 다시 법의식과 관련되어 있는 요소들을 추출해 내는 작업이 필요한 것이다. 본 절에서는 법의식의 인지적, 정서적, 행동적 영역에서 청소년 비행의 위험요인, 보호요인, 재활요인 등과 관련된 요소들을 확인해 볼 것이다. 이러한 요인들은 비행억제의 효과를 갖는 요인들이므로 '법의식에서의 비행억제요인'이라고 볼 수 있다. 즉, 이 요인들은 법교육의 결과로서 기대되는 법의식의 구성요소인 동시에 비행을 억제, 치료하는 효과를 지니는 요인들이다. 따라서 법교육이 실시된 결과, 대상 학생들이 이와 같은 법의식 요소들을 형성하거나 강화하게 된다면 비행행동이 완화, 감소될 것으로 기대되므로, 법교육이 청소년 비행에 효과적인 프로그램이라고 말할 수 있을 것이다.

① 인지적 영역

법의식의 인지적 영역은 청소년 비행의 위험요인, 보호요인, 재활요인 가운데 문제해결 능력을 기르고 사회적 유대를 회복·강화하는 것과 연관되어 있다. 먼저 법에 대한 지식을 갖추는 것은 사회적 의사소통을 위한 능력의 기초를 이루며 규칙과 법에 대한 추상적 사고를 적용하는 능력으로 확장되어 문제해결 능력을 강화시켜 줄 수 있다.

법적 지식은 반성적 사고와 추론, 대안모색에도 기반을 제공한다는 점에서 비행청소년의 재활요인으로 작용할 수 있다. 또한 법적 지식은 중요한 비행의 원인 중 하나인 '학교에서의 학업실패'에 대한 부분도 일정부분 보상해 줄 수 있을 것으로 기대된다. 학교 및 사회와의 유대가 깨어진 비행청소년들이 법의 필요성에 대한 인식을 갖는다는 것은 그러한 유대가 복원되는 징조이자 시발점으로 볼 수 있다. 즉, 법이 매우 중요하고 필요하다는 인식을 갖는 것은 자신과 사회와의 관계를 긍정적으로 다시 설정하도록 하는 계기이자 이미 그런 변화가 시작되었다는 증거인 것이다.

인지적 영역에서 또 한 가지 살펴보아야 할 점은 '자아존중'의 측면이다. 자신을 소중하고 존중받아야 할 존재로 인식하는 것은 청소년 비행의 위험요인, 보호요인, 재활요인에서 공통적으로 중요시되고 있으며 다양한 비행 관련 경험연구에서도 청소년들의 비행예방에 깊은 관련을 가진 것으로 나타나고 있다. 특히 여자청소년들의 경우 자아존중은 비행에 커다란 영향을 주는 요인으로 보고되고 있어(김준호, 1995) 인지적 영역에서 중요하게 다루어져야 할 부분이다.

이상과 같이 법의식의 인지적 영역에서는 법적 지식, 법의 필요성에 대한 인식, 자아존중의식 등이 청소년 비행과 관련된 비행억제요인으로 추출될 수 있다.

〈표 7〉 법의식의 인지적 영역에서 비행억제요인

인지적 영역	특정 대상에 대한 신념, 지각방식, 지식, 심리적 중요도의 영역		
비행억제요인	관련된 요인들		
	위험요인	보호요인	재활요인
법적 지식	- 학업실패 - 학교와의 유대	- 긍정적인 학교경험 - 지역사회에의 소속감	- 지적 유연성 - 적절한 의사소통 기술 - 규칙과 법에 관한 추상적 사고능력
법의 필요성에 대한 인식	- 반사회적 행동에의 참여 - 비행에 우호적 태도	- 개인의 책임감 - 지역사회의 지지 - 사회와의 유대	- 타인을 위한 배려 - 충동 통제
자아존중의식	- 집중장애 - 반사회적 행동에의 참여	- 자아존중의식 - 자기 효능감	- 타인을 위한 배려 - 긍정적인 독립심 - 높은 자아존중의식

② 정서적 영역

청소년 비행의 위험요인과 보호요인에서 정서적 영역은 폭넓게 다루어지고 있다. 특히 학교, 지역사회에 대한 애착은 비행을 예측하는 지표로 매우 유용하게 사용되고 있다. 가족에 비해 상대적으로 추상적인 실체인 학교와 지역사회에 대한 애착은 결국 이러한 조직의 운용원리이자 체계인 규칙과 법에 대해 친밀감을 느끼고 타당성과 공정성에 신뢰감을 갖는 것을 의미한다. 즉, 사회체계로부터의 소외를 극복하고 스스로를 규칙과 법의 주체로 인식하는 동시에 그러한 규칙과 법이 정당하게 제정되어 올바르게 운용되고 있다는 믿음을 갖는 것이 사회적 유대의 복원에 가장 핵심적인 부분이라는 것이다.

이러한 친밀감과 신뢰감이 거시적인 체계에 대한 정서적 평가라면 미시적인 행동의 영역에서는 중화기제의 형성과 비행에 호의적인 태도가 문제로 될 수 있다. 차별적 교제이론이나 중화이론에서 확인한 바와 같이 비행행동의 결정적 계기는 비행을 합리화하거나 더 나아가 비행을 하는 것이 좋다는 태도를 갖게 되는 것이다. 전체적 수준에서 규칙이나 법에 합의한다 하더라도 개인적으로 규칙을 어기는 행위를 별 것 아니라고 생각한다면 비행은 쉽게 발생할 수 있는 것이다. 따라서 법의식의 정서적 영역에서는 법에 대한 친밀감과 신뢰감, 비행에 호의적인 태도 등이 청소년 비행과 밀접한 관련을 갖고 있다.

<표 8> 법의식의 정서적 영역에서 비행억제요인

정서적 영역	인지된 대상에 대한 긍정적, 부정적 평가와 관련된 감정적 영역		
비행억제요인	관련된 요인들		
	위험요인	보호요인	재활요인
법에 대한 친밀감	-반사회적 행동에의 참여 -학교와의 유대 약화	-긍정적인 학교경험 -학교에 대한 관여 -지역사회에의 소속감	-타인에 대한 반응성 -적절한 의사소통기술
법에 대한 신뢰감	-학교와의 유대 약화 -지역사회 붕괴	-지역사회의 지지 -지역사회에의 소속감	-충동 통제 -미래에 대한 믿음
비행에 호의적인 태도	-비행이나 반사회적 행동에 대한 우호적 태도 -갱집단에의 참여	-개인의 책임감 -학교에 대한 관여	-긍정적인 독립심 -반성적 사고를 할 수 있는 능력

③ 행동적 영역

행동적 영역은 법의식의 인지적, 정서적 요인들의 결과로서 법적인 행동을 하려는 의지를 갖는 것이다. 따라서 인지적, 정서적 요인들이 전제되어야 하지만 상대적으로 독립적인 성격을 지닌다. 즉, 법을 잘 알고 법에 대해 친밀하게 느낀다고 해서 반드시 법적 행동을 취하는 것은 아니라는 것이다. 따라서 법의식의 행동적 영역에서 가장 기본이 되는 것은 법적 제도나 절차에 대한 사용의사라고 할 수 있다.

그런데 이런 사용의사와 밀접한 관련을 갖는 요소가 바로 '효능감'(efficacy)[9]이다. 효능감은 개인이 결과를 얻는 데 필요한 행동을 성공적으로 수행할 수 있는 기술에 대한 신념이다(Bandura, 1997: p.11). 즉, 스스로 법적인 행동을 할 수 있는 능력이 있으며 이러한 자신의 행동에 법적 기관이 응할 것이라는 신념이 있어야 법적 제도나 절차를 사용할 가능성이 높아지는 것이다.

법의식의 행동적 영역에서는 사용의사, 효능감의 두 가지 요소가 청소년 비행과 관련된 비행억제요인으로 추출될 수 있다.

이상과 같이 다양한 법의식의 요소들 가운데 청소년 비행의 억제요인과 관련된 것으로 인지적 영역에서는 법적 지식, 법의 필요성에 대한 인식, 자아존중의식 등이, 정서적 영역에서는 법에 대한 친밀감과 신뢰감, 비행에 호의적인 태도 등이, 행동적 영역에서는 사용의사, 효능감 등이 추출되었다. 이제 법교육이 이러한 각 법의식의 비행억제 요인들에 미치는 영향을 확인하기 위한 연구분석틀을 구성해 보도록 하자.

---

9) 효능감은 내적 효능감과 외적 효능감으로 구성된다. 내적 효능감은 자신이 참여능력, 이해능력, 영향력을 가지고 있다는 자기인식이며, 외적 효능감은 자신의 요구에 대하여 정부 또는 정책결정자가 반응할 것이라는 인식을 말한다. 즉, 내적 효능감은 자기 자신의 행위능력에 대한 평가이며 외적 효능감은 외부의 제도, 정부기관의 작동 등에 대한 신뢰나 확신의 정도라고 볼 수 있다. (Finkel, 1987: pp.443-444)

<표 9> 법의식의 행동적 영역에서 비행억제요인

행동적 영역	어떠한 방식으로 행동하고자 하는 성향이나 경향, 행위의도		
비행억제요인	관련된 요인들		
	위험요인	보호요인	재활요인
법 사용의사	- 반사회적 행동에의 참여 - 학교와의 유대 약화 - 폭력과 인종적 편견에의 노출	- 개인의 책임감 - 학교에 대한 관여 - 지역사회에의 소속감	- 타인에 대한 반응성 - 절망적 상황에서 대안을 생각하는 능력 - 긍정적인 독립심
법적 효능감	- 학교와의 유대 약화 - 지역사회 붕괴	- 자기 효능감 - 학교에 대한 관여 - 타 사회기관과의 유대	- 긍정적인 독립심 - 효능감의 생성 - 미래에 대한 믿음

2) 연구분석틀

민주사회의 근간을 이루는 법이 본연의 사회통제, 사회통합의 기능을 효과적으로 발휘하기 위해서는 사회구성원들의 자발적이고 합목적적인 준수행위가 반드시 필요하다. 사회구성원들이 이렇게 법에 자발적으로 복종하고 판단할 수 있는 마음의 자세를 '법의식'이라고 통칭해 왔다. 즉, 사회구성원들의 건전한 법의식은 민주사회에서 법의 실효성을 보장해 주는 근간의 역할을 하는 것이다. 본 연구는 법교육이 이러한 법의식의 함양에 얼마나 효과적인 수단이 될 수 있는지 경험적으로 알아보기 위한 것이다.

그러나 '법의식'이나 이와 비슷한 의미로 사용되어 온 법문화, 법관념 등의 용어들은 학문적으로 그 개념이 매우 모호하고 상대적으로 좁은 영역에서 사용되고 있다. 따라서 본 연구에서는 사회심리학적 태도 개념을 적용한 '법의식'의 개념을 사용하였다. 태도란 사람들이 일상생활에서 환경을 인지하고 해석하며 평가하고, 이에 따라 행동하도록 만들어주는 틀의 역할을 하는 것으로 인지적, 정서적, 행동적 요소로 구성된다. 법의식 역시 이러한 인지적, 정의적, 행동적 요소로 구성되어 있으며 다양한 조건화를 통한 사회화 과정에서 형성된다. 법의식의 형성과 변화에 영향을 주는 요소들은 본 연구의 독립변인인 법교육 수업 방법의 구성에 영향을 주었다.

법교육이 청소년 비행 감소에 효과적인 프로그램이 되려면 법의식의 어떤 요소들을 변화시켜야 할까? 청소년 비행의 원인에 대한 설명으로 대표적인 이론으로 긴장이론, 사회통제이론, 차별적 접촉이론, 중화이론을 들 수 있다. 긴장이론은 성공하려는 열망과 실제로 가능한 수준 간의 격차에서 발생하는 사회적 좌절과 긴장 때문에 청소년범죄가 발생한다고 설명하고 있다. 사회통제이론에서는 누구나 일정한 범죄동기를 가지고 있으나 사회적 유대를 통해 이러한 동기가 통제될 경우 범죄를 저지르지 않게 되고 사회적 유대가 약화될 경우 범죄를 저지르게 된다고 보았다. 사회적 유대의 요인으로는 애착, 관여, 참여, 신념의 네 가지 요소를 들었다. 차별적 접촉이론에서는 비행친구와의 접촉을 통해 비행행위를 하게 되었다고 설명하고 있으며 비슷한 사회학습이론으로 중화이론에서는 비행이 정당화 방법을 학습함으로써 발생한다고 설명하고 있다.

이러한 비행 관련 이론들을 종합화하여 실질적으로 청소년 비행의 예방과 치료에 도움이 되는 자료들을 추출해 내려는 연구들에서 위험요인, 보호요인, 재활요인의 개념들이 제안되었다. 즉, 어떤 프로그램이나 교육이 위험요인을 억제하고 보호요인과 재활요인을 강화시킬 수 있다면 청소년 비행예방 및 치료에 효과적인 프로그램이라고 볼 수 있는 것이다.

법의식의 각 영역에서도 이러한 요소들이 추출될 수 있다. 인지적 영역에서 법적 지식과 법의 필요성에 대한 인식, 자아존중의식 강화는 재활요인으로서 반성적 사고와 추론, 대안모색에 기반을 이루며 학업실패의 문제도 일정부분 보상해 줄 수 있을 것으로 기대된다. 정서적 영역에서 법에 대한 친밀감과 신뢰감의 회복, 준법에 호의적인 태도 형성은 애착의 강화를 통해 사회적 유대를 복원시키는 계기가 된다. 행동적 영역에서 사용의사와 효능감은 사회통제이론에서 강조되는 사회적 유대 중 참여의 차원을 강화시키는 효과를 가져와 비행 감소에 도움이 될 것으로 예상된다.

그렇다면 법교육은 이러한 법의식의 요소들을 변화시킬 수 있을까? 선행연구에 의하면 법교육을 통해 법의식의 인지적, 정서적, 행동적 영역의 보호요소들이 전반적으로 향상될 수 있다는 것이 밝혀졌다. 따라서 법교육은 비행청소년들의 법의식의 각 영역에서 보호요소들을 강화시켜 비행예방에 도움을 줄 수 있을 것으로 예상된다.

이와 같은 선행연구들에 대한 검토를 바탕으로 다음과 같은 연구분석틀을 구성하였다.

법교육 처치

법의식(청소년 비행억제요인)	
인지적 영역	법적 지식
	법의 필요성 인식
	자아존중의식
정서적 영역	법적 친밀감
	법적 신뢰감
	준법에 우호적 태도
행동적 영역	법 사용의사
	법적 효능감

법의식의 개선

〈그림 2〉 연구분석틀의 구조

　　법교육은 삶의 문제와 관련된 법적 내용들에 대한 기본적 소양과 참여 경험을 제공하여 비행청소년들의 법의식을 긍정적으로 변화시킬 것으로 기대된다. 특히 법의식의 다양한 요소들 가운데 비행억제효과를 갖는 위험요인, 보호요인, 재활요인 등의 변화는 비행예방 및 감소에 직접적으로 영향을 줄 것으로 예상된다. 따라서 법교육을 통해 이러한 비행억제요인들이 변화, 강화된다는 것을 확인할 수 있다면 법교육이 비행청소년들에게 의미 있는 교육적 경험을 제공한다고 말할 수 있을 것이다. 따라서 본 연구에서는 법교육을 통해 비행청소년들이 가지고 있는 법의식 가운데 비행억제요인들이 어떻게 변화하는지 확인해 보는 것을 목표로 설정하였다.

　　이를 위해 비슷한 비행수준의 청소년들을 두 집단으로 나누고 법교육 이전에 이들이 가지고 있는 법의식을 사전검사를 통해 파악한 후, 한 집단에만 법교육을 실시하여 법교육 이후의 태도변화와 상호 비교하여 법교육이 법의식에 미치는 영향을 확인하려 한다. 본 연구에서는 선행연구들에 대한 검토에서 확인된 법의식의 비행억제요인들을 중심으로 사전검사와 사후검사를 실시하여 법교육이 비행청소년의 비행억제에 관련된 법의식에 미친 영향을 측정하였다. 다음 장에서는 이와 같은 연구분석틀에 기반을 두고 구체적으로 연구를 수행하기 위한 방법과 대상의 특징 등을 살펴보기로 하자.

Ⅲ. 연구 설계

1. 연구방법

1) 연구대상

본 연구는 법교육이 비행청소년의 법의식에 미치는 영향을 측정하는 것을 목표로 하고 있다. 비행청소년의 정의나 사회적으로 인식되는 범위는 대단히 다양하다. 본 연구에서는 비행의 수준이 높고 비행성이 공식적으로 인정되어 시설 내 처우를 통해 보호받고 있는 소년원의 비행청소년들을 연구대상으로 설정하였다. 그러나 지역변수, 학교환경변수, 비행수준 등 다양한 변수들을 통제해야 하는 실험연구의 특성상, 전국에 산재해 있는 소년원에서 동시에 동일한 실험연구를 실시하는 것은 매우 어렵다. 따라서 단일 소년원으로 가장 적합한 곳은 안양에 소재하고 있는 전국 유일의 여자청소년 보호기관인 '정심여자정보산업학교'(구 안양소년원, 이하 '정심학교')였다. 정심학교는 유일한 여자청소년 대상 소년원 학교이므로 전국에서 비행수준이 비슷한 청소년들이 동일 시설 내에서 한꺼번에 교육받고 있다. 따라서 연구에 개입될 수 있는 다양한 변수들을 효과적으로 통제함과 동시에 대표성 있는 표본을 얻을 수 있었다.

시설 내 처우를 받는 청소년들의 학업이 중단되는 일을 막고 특성화 교육을 통해 사회적응력을 높여주기 위해 현재 전국의 소년원들은 학교의 형태로 운영되고 있다. 정심학교의 경우 검정고시에 대비한 정규 학과과정과 함께, 여학생들의 특성에 맞추어 미용, 컴퓨터디자인 등의 실기 교육을 실시하고 있다. 주 5일 수업제로 운영되기 때문에 토요일 엔 정규수업과정이 없으며 자신의 희망에 따라 무용, 예절교육 등 특별교육을 듣거나 자습, 휴식 등으로 시간을 보낸다. 법교육 수업은 이 토요일 오전시간을 이용하여 매주 10시에서 11시 30분까지 한 시간 반 동안 진행되었다.

전체 연구기간이 2월에서 9월까지 약 8개월이기 때문에 이 기간 동안 정심학교에 계속 머물러 있는 청소년들을 우선 대상으로 선정하였다. 소년원에 있는 청소년들은 주로 소년법상 6호와 7호 처분을 받은 청소년들인데 이 중 7호 보호처분은 6개월 이상 19개월 미만의 소년원 보호처분으로, 형사처분을 제외하고는 보호처분 중 가장 심각한 처분이다. 따라서 연구대상 청소년들은 7호 처분 대상자 중에서도 최소 8개월 이상의 처분을 받은 중비행청소년들이었다. 법교육 수업이 시작된 2월 당시 정심학교에는 전체 약 90명의 청소년들이 있었으며 이 중 조사종료시점인 9월까지 남아 있을 청소년은 총 40명이었다. 따라서 이 중 절반인 20명을 실험집단으로 설정하여 법교육 수업을 실시하고 나머지 20명을 통제집단으로 설정했다.

원래 토요일 특별수업은 개인의 희망에 따라 배치하지만 선택성으로 인한 편향을 배제하기 위해 무작위로 20명을 할당하여 법교육 수업에 참여시켰으며 나머지 20명의 통제집단 청소년들은 일반적인 소년원 일과대로 원하는 다른 수업을 듣도록 했다. 이러한 무선할당의 결과 두 집단의 연령대나 학력분포, 비행의 종류는 비슷한 경향을 보였다. 연령대는 대개 중학교에서 고등학교 1학년에 걸쳐 있으며 학력은 중학교 수준에서 중퇴가 가장 많았다. 그러나 소년원 담당 교사들에 대한 면담 결과, 실험집단에 포함된 청소년들이 평소의 생활태도나 공식적 기록 이면의 죄질 및 성향으로 보아 더 문제가 많은 청소년들이라는 의견을 공통적으로 보이는 것을 확인할 수 있었다. 조사대상 청소년들의 특성은 다음과 같다.

〈표 10〉 조사대상 청소년들의 특성

연 령									
구 분	만 12세	만 13세	만 14세	만 15세	만 16세	만 17세	만 18세	만 19세	평균연령
실험집단		1	1	4	5	6	2	1	16.2
통제집단	1	2	2	3	6	3	2	1	15.65

학력(재학, 퇴학 포함)								
구 분	초5	초6	중1	중2	중3	중졸	고1	고2
실험집단		1	4	4	7	3	1	
통제집단	1		2	6	4	1	4	2

비행 종류								
구 분	도로교통법위반	보호관찰법위반	상해치사	절도	특수강도	특수절도	폭력행위	윤락행위등방지법
실험집단	1	7	1	3	2	3	3	
통제집단		3	3	1	1	4	6	1

출신 지역															
구 분	서울	경기	충남	충북	경남	경북	강원	제주	광주	대구	대전	부산	전남	전북	인천
실험집단	4	4	2	2					1	1	1	1		4	
통제집단	3	2	1		3				4	1			1	4	1

정심학교에 있었던 기간(단위: 개월)														
구 분	1	2	3	4	5	6	7	8	9	10	11	12	13	평균
실험집단	2	2	2	4	2		1	1		2	1		2	5.5
통제집단	1	5		1	4		1	1	2	1	1		2	6.35

2) 연구절차

법교육이 비행청소년들의 법의식에 미치는 영향을 확인하는 것을 목적으로 하는 본 연구의 주제는 2005년 10월 선정되었다. 이후 국내외의 선행연구들을 검토하여 수업계획안이 작성되었고 11월에 이 수업계획안을 바탕으로 법무부 및 정심학교 측에 연구계획을 통보하고 협조를 요청했다. 정심학교 측에서 차년도 수업계획에 법교육 프로그램 및 효과 연구를 반영하기로 확정함에 따라 11월에서 12월에 걸쳐 아직 소년원에 가기 전 단계인 기소유예 단계의 청소년들이 수용되어 있는 분류심사원 상담조사 수업 및 학생현황을 4차례의 현장답사와 수업참관, 교사와 학생 면담을 통해 파악했다. 이어 실제로 수업이 이루어질 정심학교에 3차례 방문하여 청소년들의 생활과 특성, 수업진행 등을 확인하였으며 학교 측 교사 및 행정담당자와 3차례 수업내용과 운영방식에 대한 회의를 열었다.

이듬해인 2006년 1월, 법의식에 관련된 선행연구들을 바탕으로 질문지를 작성하였다. 미국 법교육 평가 프로젝트 질문지(NLREEP)와 박성혁, 임희섭, 김준호 등이 개발한 질문지를 참고로 법의식의 세 가지 요소에 따라 디자인된 질문지를 법교육 전문가 4인들로 이루어진 회의에서 안면타당도를 검증받은 후, 서울소년분류심사원의 교사와 학생들을 대상으로 파일럿 스터디를 실시한 결과를 바탕으로 수정하여 최종 법의식 질문지를 만들었다. 1월 말 연구대상 청소년과 통제집단 청소년들이 결정되어 앞서 만들어진 질문지와 특수인성검사지로 사전검사가 이루어졌으며 세부수업안도 확정되어 학교 측에 통보되었다. 또한 수업과정을 객관적으로 관찰할 보조연구자가 선정되어, 이후 이루어진 모든 수업을 참관하고 수업내용과 학생들의 반응 등을 필드노트로 남겼다.

2월 중순부터 수업은 시작되었으나 초기 1, 2주는 적응 기간이었고 본격적인 수업은 3월에서 7월 사이에 이루어졌다. 처음 세웠던 수업계획은 총 18차시였으나 학교행사 등으로 총 11차시의 수업이 이루어졌다. 수업은 매주 토요일 1시간 반씩 이루어졌으며 법교육 수업 외의 모든 교정교육 일정은 실험, 통제집단 모두 동일했다. 수업이 마무리된 다음 주인 8월 초에 실험, 통제집단 청소년 전원에게 사후검사가 이루어졌으며 보조적으로 학생들과 교사들에 대한 심층면접이 이루어졌다. 9월에는 사후검사 결과 및 면접, 필드노트를 분석하였으며 분석결과를 보조연구자, 정심학교 교사, 연구대상자들에게 확인시키는 것으로 전체 연구과정을 마무리했다.

〈표 11〉 실험연구의 절차

집 단	사전검사	실험처치	사후검사
실험집단	O_1 / O_2	X	O_1' / O_2'
통제집단	O_1 / O_2	X_0	O_1' / O_2'

* O_1: 사전 법의식 검사
  O_2: 사전 특수인성 검사
  X: 법교육 수업
  X_0: 일반교정교육
  O_1': 사후 법의식 검사
  O_2': 사후 특수인성 검사

2. 연구변인

1) 종속변인

본 연구에서 살펴보고자 하는 법의식의 세 가지 영역은 인지적, 정서적, 행동적 영역이다. 각 영역에 해당하는 법의식의 요소들은 매우 다양하나 선행연구를 통해 법교육이 직접적으로 영향을 미칠 수 있으며 또한 비행의 감소에 효과가 있는 것으로 확인된 보호요인들을 종속변인으로 선정하였다. 인지적 영역에서는 법에 대한 지식, 법의 필요성에 대한 인식, 자아존중의식, 정서적 영역에서는 법에 대한 친근감, 신뢰감, 준법에 호의적인 태도, 행동적 영역에서는 법 사용의사, 법적 효능감 등이 선정되었다. 각각의 종속변인이 갖는 의미와 측정방식은 다음과 같다.

① 인지적 영역

인지적(cognitive) 영역은 일반적으로 '지식'을 가리키는 것으로 이해되고 있으나 보다 정확하게는 '자신의 인지 체계 내에서 특정 대상을 어떻게 인식하는가'와 관련된 포괄적인 영역으로 볼 수 있다.

'법에 대한 지식'은 법에 대한 전체적인 인식 및 태도 형성에서 기반을 이룬다. 법이 어떤 것인지 기본적인 내용을 알지 못한 상태에서는 특정한 태도를 형성할 수도 없을 뿐 아니라 혹 이미 태도를 가지고 있다 하더라도 잘못된 지식이나 단편적인 인상을 통해 만들어진 환상일 가능성이 높기 때문이다. 일반적으로 지식 부분의 테스트는 각 내용요소를 제대로 알고 있는지 확인하기 위해 각 영역에서 한두 개씩의 문항을 작성하여 풀어보게 한 후 정답의 개수를 가려내는 식으로 이루어진다. 그러나 법 영역은 그 지식의 범위가 매우 방대하여 대단히 많은 문항을 풀어보기 전에는 그러한 지식의 차이를 확인하기 어렵다. 또한 일반인들에게 유의미한 생활법의 영역에서는 구체적이고 세부적인 법적 내용에 대해서는 잘 모르더라도 포괄적으로 법적 절차를 활용하고 판단하는 능력은 갖추고 있을 수도 있다. 따라서 본 연구에서는 전미 법교육 프로그램 평가(NLREEP)에서 활용된 지식문항을 응용하여 스스로 해당 영역의 지식에 대해서 알고 있는지 판단하여 대답하는 문항 13개(2-1~13)와 실제로 이러한 내용들을 정확히 알고 있는지 확인하는 테스트문항 11개(2-14~24)를 각 법 영역별로 추출하여 사용하였다. 이 두 가지 점수를 합산한 것으로 '법에 대한 지식' 영역을 확인하였다.

'법의 필요성에 대한 인식'은 법이 사회적으로 혹은 개인적으로 얼마나 필요하고 중요한 것인지 인식하는 수준을 확인한 것이다. 이러한 법의 필요성에 대한 인식은 법에 대한 신뢰감과 함께 '법의 정당성 인식'을 구성하게 된다. 법이 필요하고 정당하다고 인식하는 것은 비행행동을 감소시키고 준법행동을 강화시키는 보호요소로 작용한다. 법이 필요하고 중요하다고 인지하면서도 법을 어기는 행동을 하게 된다면 인지와 행동 사이에 '인지부조화'가 일어나 인지적 부담이 발생하기 때문에 이러한 부담을 피하기 위해 비행행동을 억제하게 되는 것이다. 법의 필요성에 대한 인식은 다시 법과 자신의 삶과의 연관성 인식, 법의 중요성 인식, 법적 문제해결의 필요성 인식 등으로 세분화될 수 있다. 본 연구에서는 이러한 세 가지 영역을 중심으로 임희섭(1974)이 개발한 문항을 일부 수정하고 연구자가 개발한 문항을 추가하여 11개의 문항을 사용하였다.

'자아존중의식'은 스스로를 가치로운 존재로 보고 소중하게 여기는가의 자기인식 정도를 묻는 것으로 비행에 관련된 이론들에서 보호요인이자 재활요인으로 매우 커다란 역할을 담당하는 것으로 확인되고 있다. 특히 김준호(1995)의 연구에 의하면 여자비행청소년들에게 자아존중의식의 수준이 비행에 가장 큰 영향을 주는 요인으로 제시된 바 있어 인지적 영역에서 중요한 비행억제요인으로 볼 수 있다. 자아존중의식에 대한 검사는 이미 법무부에서 개발된 '특수인성검사'로 척도화되어 교정기관 현장에서 다년간 사용되어 왔으며, 약 6년간의 시행결과를 바탕으로 보다 정교화시킨 '특수인성검사Ⅱ'가 일반화되어 있다(서울소년원, 1999, 서울소년원, 2005, 양종국, 2005). 따라서 법무부의 협조를 얻어 특수인성검사를 실시하고 이 중 자아존중의식 수치를 추출하여 사전, 사후에 비교하였다.

② 정서적 영역

법의식의 정서적(affective) 영역은 법에 대해 어떠한 감정 혹은 평가를 내리고 있는가를 말한다. 태도에 관한 초기의 연구들에서는 인지적 영역이 정서적 영역에 선행하는 것으로 이해하여, 먼저 알고 난 후 이에 대한 감정이나 평가가 이루어진다고 보았다. 그러나 경험적 연구가 축적되면서 아는 것과 이에 대한 정서적 반응은 거의 동시에 이루어지거나 오히려 정서적 반응에 따라 인지가 달라진다는 결과들도 발표되고 있다. 태도에서 인지적 영역과 정서적 영역은 서로 깊은 연관을 가지며 한 영역이 변화할 경우 다른 영역도 따라서 변화하게 된다. 즉, 법에 대한 인지적 영역에 정서적 영역이 충분히 뒷받침될 때 태도변화가 일어나며 일단 변화한 태도가 안정되게 유지될 수 있다는 것이다.

'법에 대한 친근감'은 법을 얼마나 가깝고 익숙한 존재로 느끼는가를 말한다. 전근대 사회에서 법은 강제적이고 초자연적이며 처벌적인 성격이 강조되었다. 이런 생각은 법을 지배의 도구로 인식하도록 만들며 반대로 자신을 그러한 지배의 대상이자 법의 외부에 있는 존재로 여기는 '법적 소외'(legal alienation)를 가져오게 된다. 법적 소외가 심화된 사회에서는 아무리 구성원들이 법에 대한 지식을 가지고 필요성을 인식한다 하더라도 법을 자신의 삶에 대한 자발적 규칙으로 받아들이거나 법생활에 주체적으로 참여할 수 없게 되므로 법치주의의 실현이 어려워지게 된다. 또한 개인적으로는 법적 강제가 느슨해지거나 그러한 강제에 익숙해질 경우 비행과 범죄를 반복하게 되므로 법적 처벌을 강화할 수밖에 없는 악순환에 빠지게 된다. 따라서 법에 대한 친근감의 형성은 법을 통한 자치의 원칙을 형성하는 데 기반을 이루는 중요한 정서적 요소라고 할 수 있다. 법에 대한 친근감은 임희섭(1974)이 개발하고 박성혁(1992)이 일부 수정한 문항을 대상자의 수준에 맞추어 좀 더 단순화시키고 연구자가 개발한 문항을 추가하여 10개의 문항을 사용하였다.

'법에 대한 신뢰감'은 법과 법을 통한 판결이 얼마나 공정하고 또 법이 얼마나 자신의 삶에 도움이 된다고 느끼는가를 말한다. 법에 대한 인지적 요소가 갖추어지고 친근감을 느낀다 해도 법이 공정하며 자신의 삶을 보호해 주고 도움을 준다는 느낌을 갖지 않는다면 법을 지키거나 사용하는 데 적극적인 태도를 보이지 않을 것이다. 이러한 신뢰감과 관련된 보호요소로 '법적 권위체에 대한 지지'를 들 수 있다. 경찰, 법원, 정부 또는 교사, 부모 등 법과 규칙을 행사하는 권위체에 대한 지지수준이 높을수록 비행이 감소한다는 것이다(김준호, 1996: p.85). 그러나 법에 대한 신뢰감을 증진시키기 위한 법교육은 위험요소도 안고 있다. 법의 공정성과 보호적 측면을 강조하다 보면 현행법에 대한 정당화에 치우치거나 법 현실에 대한 지나친 환상을 심어줄 수도 있는 것이다. 법교육의 대표적인 세 가지 접근방식 가운데 '이솝우화형'(emperor's clothes approach)에 속하는 이러한 교육방식은 이미 법 현실의 부정적 측면을 알고 있는 사람들에게는 전혀 효과가 없거나 이런 교육을 받은 후 나중에 현실과의 괴리를 알게 될 경우 교육받은 내용을 전면적으로 부정하는 역효과를 가져올 수도 있다(Williamson et al, 1997: pp.11-12). 하지만 현행법에 대한 긍정적인 감정을 형성하지 않고 태도의 변화를 기대하는 것 또한 어렵다. 따라서 법의 일반적인 성격을 중심으로 법의 논리성과 공정성, 보호적 측면을 강조하면서 현행법의 장단점을 정확하게 전달하는 것이 법에 대한 올바른 신뢰감을 기르는 방안이 될 수 있을 것이다. 법에 대한 신뢰감 역시 임희섭(1974)이 개발하고 박성혁(1992)이 일부 수정한 문항에 연구자가 개발한 문항을 추가하여 15개의 문항을 사용하였다.

'준법에 호의적인 태도'는 기존의 연구들에서는 '비행에 호의적인 태도'로 연구되어 온 요소를 변형한 것이다. 본 연구에서는 전체적으로 리커트 척도의 숫자가 올라갈수록 긍정적인 태도로 평가되도록 디자인되었으므로 문항은 그대로 두고 수치를 역으로 해석하여 요소를 변형시켰다. 기본적으로 두 요소는 동전의 양면처럼 같은 현상에 대한 서로 다른 측면에서의 해석이라고 볼 수 있다. 비행과 관련된 태도의 선행연구에서 가장 중요한 요인 중 하나로 지적되어 온 것은 스스로 비행을 허용하는 마음가짐이었다. 비행을 허용하는 태도의 초기단계는 자신이 이미 알고 있는 법과 규칙에 대한 지식 및 평소의 태도에 비추어 보아 잘못된 행동을 했음을 알게 되었지만 이미 어떤 행동을 해버려서 돌이킬 수 없을 경우 인지적 부담을 덜기 위해 특별한 개인적 사정이 있었으므로 어쩔 수 없다고 합리화시키는 '중화기제'를 발전시키는 것이다. 이러한 중화기제의 형성이 반복되면 오히려 규칙 자체가 잘못되어 있다는 생각으로 발전하게 되고 더 나아가 규칙을 어기는 행동을 오히려 선호하게 되는 '비행에 호의적인 태도'를 갖게 되는 것이다. 따라서 중화기제 형성의 초기단계에서 개인적인 합리화가 사회적으로 인정될 수 없다는 점을 분명히 알려주는 동시에 위반할 수밖에 없는 잘못된 규칙은 사소한 것이라도 즉각 개선하여 사회구성원들이 인지적 부담을 덜고 법과 준법행위에 대한 긍정적 태도를 키워나갈 수 있도록 하는 것이 중요하다(허태균 외, 2005). 준법에 호의적인 태도는 김준호(1996)가 개발한 문항을 참고하여 연구자가 9개의 문항을 개발하여 사용하였다.

③ 행동적 영역

법의식의 행동적(behavioral) 영역은 인지적 영역과 정서적 영역의 종합적 성격을 띠는 동시에 법교육의 궁극적인 지향점에 해당하는 영역이기도 하다. 즉, 법과 관련된 행동을 할 수 있다는 자신감을 가지고, 법을 적극적으로 사용하려 하거나 특정한 행동을 하려는 의도를 갖는 것이다. 주의할 것은 법의식의 영역에서 행동적 영역은 행동 자체를 의미하는 것은 아니라는 점이다. 피시번과 아젠(Fishbein & Ajzen, 1975)이 이성적 행위 모델을 통해 설명한 바와 같이, 행동적 영역은 법의식에서 행동에 대한 인지와 신념, 행동의 결과에 대한 정서적 평가와 사회적 평가가 종합되어 나타나는 '행동의도'의 의미를 지닌다. 이러한 법의식이 실제 행동으로 이어지는 데는 다양한 외부 변수들이 개입되게 된다. 따라서 법의식의 인지적, 정서적 영역에서 변화가 있다할지라도 행동적 영역은 변화하지 않을 수 있으며 이는 앞선 두 영역에서의 변화가 행동의 변화로 이어질 만큼 충분히 유의미한 것이 아니었다고 간접적으로 해석해 볼 수도 있을 것이다.

'법 사용의사'는 스스로 법적 과정에 참여하여 법을 사용해 보려는 의지를 갖는 것을 말한다. 정서적 영역에서의 '친근감'이 법적 소외를 극복하기 위한 첫 단계에 해당한다면 직접 법 과정에 참여해 보려는 의지를 갖는 것은 여기서 한 걸음 더 나아간 적극적인 시민성의 요소로 볼 수 있다. 참여적 태도는 학생들의 직접 경험을 통한 수업에서 효과적으로 길러질 수 있으며 법교육에 대한 접근방식 중 '참여적 수업'(learning by doing, participatory approach)이 이러한 목적에 적합한 것으로 알려져 있다((Williamson et al, 1997: pp.12-13). 본 연구에서는 전미 법교육 프로그램 평가(NLREEP)에서 사용된 문항을 바탕으로 연구자가 6개의 문항을 개발하여 사용하였다.

'법적 효능감'은 자신의 법적 능력에 대한 신념의 수준을 말한다. 법적 효능감의 개념은 반두라(Bandura, 1997)의 '자기 효능감' 개념을 확장한 것으로 주로 심리적 영역에서 사용되던 효능감 개념이 핀켈 등의 연구자들((Finkel, 1987, 김영인, 2002, 곽한영, 2004))에 의해 정치적 효능감으로 확장, 적용된 바 있다. 효능감은 크게 자기 자신의 능력에 대한 확신인 '내적 효능감'과 자신의 행동에 대해 권위체가 반응을 보일 것인지에 대한 확신인 '외적 효능감'으로 나눌 수 있다. 본 연구에서는 정치적 효능감의 측정에 일반적으로 사용되는 문항들을 연구자가 법적 효능감을 묻는 문항으로 수정하여 총 11개의 문항을 사용하였다.

2) 독립변인

본 연구에서 법의식에 영향을 줄 수 있는 변인들로는 법교육 수업과 청소년들의 경제적 배경, 연령, 교우관계, 부모의 영향 등을 선정하였다. 이 중 연구를 통해 영향력을 측정하려는 주된 독립변인은 법교육 수업의 유무이며 나머지 요소들은 결과에 영향을 줄 수 있는 요소들로 여겨져 통제되었다. 각 독립변인은 다음과 같이 선정되고 측정되었다.

(1) 법교육 수업

본 연구의 주 독립변인인 법교육 수업은 중비행 여자청소년들인 정심여자정보산업학교 청소년들 20명을 대상으로 2006년 2월에서 7월까지 약 6개월간 11차시에 걸쳐 실행되었다. 수업내용의 구성은 법교육 프로그램에 대한 선행연구와 평가를 바탕으로 청소년들에게 비행에 대한 억제요인을 증진시키려는 목적을 가지고 구성되었다. 전미변호사협회(ABA)에서는 기존의 비행청소년을 대상으로 한 법교육 수업 프로그램 연구들을 정리하여 효과적인 프로그램 구성을 위한 가이드라인을 다음과 같이 제시했다(ABA, 2005).

첫째, 프로그램의 내용은 법의 목적과 우리 삶과의 관계, 법적 권리와 시민의 의무, 사회의 규범적 기대를 포함해야 한다. 또한 실제 생활에서의 법적 내용을 중심으로 문제해결 능력을 길러야 하며 비행청소년의 생활 속 경험을 충분히 살린 내용들로 수업을 구성해야 한다.

둘째, 교수학습방법은 비행청소년들이 충분히 대화를 나눌 수 있는 규모와 환경이라야 하며 상호작용을 많이 이끌어내는 수업방식을 사용해야 한다. 또한 비판적 사고력 향상을 위해 질문을 많이 던지며 내용을 지금 당장의 삶의 맥락 속에서 설명해야 한다. 또한 청소년들에게 성취감을 느낄 수 있는 기회를 제공해야 한다.

셋째, 교재와 수업의 소재 측면에서는 현장 견학을 많이 활용하고 경찰, 법조인 등 외부 인사들을 수업에 자주 끌어들여야 하며 비디오, 신문기사, 뉴스화면 등 다양한 자료들을 활용해야 한다(ABA, 2005: p.4).

이러한 수업구성 원칙에 따라 본 연구에서는 20명의 소규모 그룹 청소년들을 원형으로 배치하여 교사와 학생 간의 대화를 통해 수업을 진행시켜 나갈 수 있도록 했다. 또한 매 시간 학생들이 직접 자신의 생각을 써넣는 학생 활동지를 통해 자신이 가지고 있는 생각을 정리해 보고 이 내용을 발표하여 다른 학생들의 생각과 비교해 볼 수 있는 기회를 갖도록 했다.

그리고 수업 마지막 부분에는 항상 간단한 퀴즈나 생각할 거리를 포함시켜 자신이 배운 내용을 확인하고 나름대로 성취감을 느낄 수 있도록 했으며 마지막 11차시에는 그간의 수업내용을 전체적으로 되돌아보고 달라진 자신을 확인해 볼 수 있는 '솔로몬 퀴즈대회'를 열기도 했다. 특히 자신의 능력을 인정받는 기회가 적은 비행청소년들은 이러한 문답과 자신의 생각을 다른 사람에게 주장하는 것에 매우 적극적으로 참여하며 관심을 보였다.

내용 영역에서는 법적 내용요소보다는 생활영역을 중심으로 청소년들과 밀접한 관련이 있는 노동문제(아르바이트), 교통사고, 형사절차, 부동산(전세와 월세), 가정폭력 등의 생활법 주제들을 다루었다. 특히 학교폭력이나 형사절차 문제 등은 비행청소년 대부분이 겪었던 문제이고 지금 당장 자신에게 중요한 문제이기 때문에 매우 집중하여 수업에 참여했으며 전체 수업이 끝난 후 평가에서도 가장 인상적인 수업으로 꼽은 청소년들이 많았다.

또한 파워포인트를 중심으로 진행된 수업에 많은 동영상 및 사진, 신문자료 등을 포함시켜 한 시간 반에서 두 시간에 이르는 짧지 않은 수업시간 동안 학생들이 집중을 흩트리지 않고 수업에 참여할 수 있었다. 이러한 동영상 자료는 특히 학생들의 정서적 영역에 대한 영향이 큰 것으로 보였다.

외부 인사의 참여 역시 법교육을 효과적으로 만드는 중요한 요소이다. 소년원학교 교사들과의 인터뷰 과정에서도 학생들이 외부에서 온 강사들에게 더 높은 관심과 반응을 보인다는 말을 여러 번 들을 수 있었는데 특히 전문성의 수준이 높고 권위적 강제의 요소를 지니고 있는 법 영역에서는 외부 강사의 효과를 강조하는 연구결과를 다수 확인할 수 있었다. 소년원 청소년들의 입장에서는 수업을 진행한 연구자 자신이 이미 외부 인사였겠으나 법교육의 효과를 높이기 위해 변호사와 성폭력 상담 전문가 등이 각각 한 차례씩 수업을 진행하였다.

〈표 12〉 정심학교 법교육 수업 프로그램

1강	**영화 속의 법: 법과 형사절차** 법을 딱딱하고 재미없는 것으로만 여기는 학생들에게 흥미를 유발시키고 자신들이 처해 있는 상황인 형사절차의 전체적인 흐름을 이해하도록 하기 위해 영화 내용 편집자료를 중심으로 형사절차를 파악하도록 하는 수업
2강	**사장님이 월급을 안 줘요!: 청소년 노동문제** 올바른 노동관을 갖고 사회적 약자인 청소년들이 자신의 권리를 정당하게 행사할 수 있도록 노동, 임금과 관련된 법적 내용과 권리, 권리보장을 위한 방법 등을 재미있게 설명하는 수업(외부강사 – 법교육센터 연구원)
3강	**결혼은 아무도 못 말려?: 결혼과 이혼의 법** 결혼 및 이혼의 과정과 관련된 법적 절차와 제한을 이해하고 실제로 서식을 작성하는 과정에서 개개인 간의 사사로운 일로 생각되기 쉬운 결혼과 이혼의 사회적 성격을 깨닫는 수업
4강	**요람에서 무덤까지: 출생, 사망, 유산** 인간의 삶의 과정 시작과 끝에까지 깊숙이 관계되는 법의 내용과 관계를 관련된 영화의 동영상과 함께 살펴보고 유산의 법적 관계도 따져보는 수업
5강	**검사님, 얘기해 주세요: 법조인과의 대화** 현장에서 활동하고 있는 법조인을 만나 법에 대한 거리감을 줄이고 생생하게 살아 있는 법이야기를 들어보는 소중한 기회(외부강사 – 변호사)
6강	**교통사고를 냈어요!: 교통사고의 법** 교통사고를 당했을 때, 혹은 사고를 냈을 때 대처하는 방법을 간단한 연극을 통해 재연해 봄으로써 실생활에 필요한 법적 절차를 익히고 적용해 보는 경험을 제공하는 수업
7강	**내 몸에 손대지 마세요: 성희롱 성폭력** 여자청소년에게 특히 문제가 되는 성희롱, 성폭력의 개념과 문제점, 구체적인 대처방안을 전문가를 통해 사례와 함께 배우는 수업(외부강사 – 서울대 성희롱·성폭력연구소 전문연구원)
8강	**집을 사고 싶어요: 부동산** 누구나 겪게 되면서도 가장 복잡하고 어려워 보이는 부동산 매매에 대한 절차와 주의할 점을 실연을 통해 재미있게 공부해 보는 시간
9강	**모의법정: 학교폭력** 자신이 법관의 입장이 되어 실제로 법복과 의사봉을 갖추고 판사와 검사, 변호사가 되어보는 경험을 통해 법을 통해 사고하고 판단하는 훈련을 해보는 수업
10강	**법의 기본개념** 전체 강의를 정리하면서 법이 가지고 있는 질서유지, 권리보호, 범죄예방 등의 기능을 확인해 보는 시간
11강	**솔로몬의 선택 – 퀴즈대회** 수강생들의 법적 지식과 판단력 변화를 재미있게 확인해 보면서 법에 대한 흥미와 관심을 더욱 북돋우는 시간. 전체 강의의 마무리의 성격을 지니게 됨

(2) 기타 통제변인

법교육 수업 외에 비행청소년들의 법의식 변화에 영향을 줄 것으로 예상되는 요소는 학생들의 경제적 배경, 연령, 교우관계, 부모의 영향 등이었다.

'경제적 배경'은 전통적으로 비행에 큰 영향을 주는 것으로 여겨져 왔다. 밀러(Miller, 1958)는 하류계층의 문화가 가지는 특성 가운데 가장 주된 것으로 '비행성'을 들었다. 즉, 비행을 저지르는 것을 보편적인 현상 또는 당연한 모습으로 받아들이는 것이 하류계층의 일반적인 모습이라는 것이다. 이러한 하류계층 비행의 원인으로 등장한 이론이 긴장이론이었다. 즉, 사회적 성공을 위한 기회가 적거나 차단당한 상황에서 비정상적인 방법을 통해 목적을 달성하고자 한다는 것이다(Cloward & Ohlin, 1960). 그러나 앞서 선행연구들을 통해 확인했듯이 긴장이론은 경험적 연구를 통해 지지받지 못하고 있다. 오히려 기계적으로 가난하기 때문에 비행을 저지른다기보다는 사회적 유대의 상실 등 다른 계기들로 인해 비행이 강화된다는 설명들이 힘을 얻고 있다. 하지만 여전히 사회적 하류계층에서 더 많은 비행이 발생한다는 사실은 일반적으로 받아들여지고 있으며 비행적 하위문화이론 등의 '문화적 일탈이론'이나 차별적 학습이론 등의 '범죄사회학습이론'을 통해 이를 설명하려는 노력이 계속되고 있다(최영인·염건령, 2005: pp.67-68). 따라서 본 연구에서도 경제적 배경을 비행에 영향을 주는 요인으로 포함시켰다. 각 대상 청소년들의 가정배경은 소년원 측의 협조로 상당히 상세한 자료를 확보할 수 있었으나 그 자료만으로는 청소년들의 경제적 수준을 가늠하기 어려웠다. 또한 비교적 연령이 어린 대상 청소년들의 특성상 자기 집의 경제적 수준을 정확히 판단하는 것도 쉽지 않을 것으로 생각되었다. 오히려 각 개인의 법의식에 영향을 주는 것은 자신의 경제적 환경이 어떤 수준이라고 스스로 인식하는가의 문제일 것이므로 스스로 생각하는 자기 가정의 형편을 '경제적으로 여유가 있음', '먹고 사는 데 걱정은 없음', '친구들보다 약간 가난함', '생계가 걱정되는 상황임' 등 네 가지로 나누어 답하게 하고 변수를 '가정의 경제수준에 대한 주관적 인식'으로 범주화했다.

'연령'은 인지발달론에 기반한 연구에서 법의식 및 비행경향성에 큰 영향을 주는 것으로 확인되어 왔다. 콜버그의 도덕성 발달단계를 법의식 발달과 결합시킨 탭과 레빈(Tapp & Levine, 1977)의 연구에서는 법의식이 연령의 증가에 따라 콜버그가 제시한 1단계에서 6단계로 순차적으로 옮겨간다는 것을 발견했다. 이들의 연구를 응용하여 문용린은 우리나라 청소년들의 도덕성 발달과 비행경향성, 법의식의 관계를 밝혔는데(문용린·조영달, 1994) 연구결과 연령이 높아질수록 비행경향성이 증가하는 것으로 나타났다. 박성혁(1992)의 연구도 비슷한 결과를 보고하고 있다. 초·중·고생의 법의식 발달에 관한 연구에서 한국 청소년들은 연령이 올라갈수록 법적 흥미감, 신뢰감, 효능감, 사용능력이 모두 뚜렷하게 떨어진다는 사실이 발견되었다. 제이콥슨(Jacobson, 1979)의 연구는 이런 경향이 한국에만 국한된 것이 아님을 보여준다. 이 연구에서는 초·중등학생과 비행청소년들에게 조사를 실시한 결과 나이가 들수록 법에 대한 지식은 증가하지만 긍정적 태도가 감소하고 법의식의 변화도 줄어들어 초등학생의 경우에 법교육 효과가 가장 크다는 사실이 발견되었다. 본 연구에서 연령은 소년원 자료에 기록된 생년을 기준으로 비교하였다.

'비행친구'는 사회통제이론과 차별접촉이론에서 모두 강조되는 중요한 비행 관련 요소이다. 앞서 선행연구에서 살펴보았듯이 비행친구를 사귀었기 때문에 비행을 저지르게 되는지 아니면 비행을 저질렀기 때문에 비행친구들과 어울리게 되는지 선후 관계에 대한 논란은 있으나 비행친구의 영향이 비행을 촉진하는 동료효과(peer effect)를 갖는다는 점은 여러 경험연구를 통해 확인되고 있다 (Giordano, 1995: Elliott, 1985: White et al, 1987). 특히 비행친구의 수와 비행친구가 행하는 압력이 태

도에 크게 영향을 주는 것으로 확인되었다(정은경, 1998). 본 연구에서
는 전미법교육 프로그램평가(NLREEP)에서 사용된 문항을 중심으로 주
변의 친구들이 어떤 비행을 얼마나 저지르고 있으며 자신에게도 비행에
대한 압력을 가하는지 10개의 문항(4-1~10)으로 물어보았다.

 '부모의 영향'은 다양한 방식으로 청소년의 법의식에 영향을 미친다.
특히 사회통제이론에서는 청소년들의 비행을 통제하기 위한 사회적 유
대의 요소로 부모와의 유대를 매우 중요하게 다루고 있다. 이성식
(2000)은 부모와의 유대가 낮아질 경우 자기 통제력이 낮아져 범죄 상
황에서 느끼는 재미와 스릴을 추구하는 경향이 나타나고 결국 비행의
증가로 이어지게 된다는 사실을 경험적으로 증명했다. 그는 또한 가부
장적 가정환경이 청소년들에게 범죄유발적 환경으로 작용하게 되며 부
모와의 애정적 유대가 범죄예방에 중요하다는 사실을 밝히기도 했다
(이성식, 1999). 부모의 영향은 단순한 이혼이나 편부모 가정 등 가족
형태만으로 설명되기보다는 부모의 양육태도와 밀접한 관련을 맺는다.
랜킨 등(Rankin & Wells, 1990)은 가족문제에서 나타나는 범죄영향요
인으로 심각한 체벌, 감독소홀, 온정결여, 애정결핍, 자녀와 부모 간의
불화 등을 꼽았다. 특히 부모 스스로 비행과 일탈행위를 할 경우 청소
년들의 비행과 범죄에 상당한 영향을 미친다. 마약중독자 부모를 둔
청소년과 그렇지 않은 정상적인 부모를 가진 청소년을 비교해 보았을
때 전자가 훨씬 높은 마약중독률을 보였으며(Wills et al, 1996), 부모가
범죄자일 경우 법을 위반하는 행위도 월등하게 많은 것으로 나타났다
(Laub & Sampson, 1988). 따라서 본 연구에서는 부모의 영향을 '부모
의 양육태도'로 범주화하고 자신에 대한 모욕이나 체벌, 부부간의 관
계, 음주벽 등 5개의 문항으로 확인하였다.

3. 조사도구

　설문조사를 위한 질문지는 앞서 살펴본 종속변인과 독립변인을 반영하는 내용을 조사대상자가 직접 선택하는 자기기입식 문항으로 만들어졌다. 조사대상자인 소년원의 중비행청소년들은 현재 보호시설에 수용중인 상태이기 때문에 혹시 설문결과가 자신에 대한 처우에 영향을 미치지 않을까 우려하고 있었다. 설문과 개별 학생의 처우에는 아무 관련이 없다는 것을 반복적으로 확인시켰으나 일반적으로 소년원 학생들에 대한 설문조사는 무난하게 여겨지는 중간 값을 선택하는 '중심화경향'이 현저하다는 소년원 학교 교사의 조언에 따라 리커트 5척도 가운데 중간 값을 제거한 4척도를 사용하였다. 이러한 방식은 중심화경향에 따른 조사결과 왜곡을 막기 위해 일반적으로 사용되는 방식으로, 자아존중의식 검사로 널리 알려진 로젠버그척도(Rosenberg Scale)에도 사용된 바 있다(홍성열, 2005).

　비행청소년들은 일반적으로 문항에 대한 이해도가 낮은 편이므로 되도록 문항을 짧게 단순화하는 대신 다수의 문항을 제시하여 태도를 반복적으로 확인하였다. 또한 무성의하게 한두 가지 패턴의 답을 반복하는 일을 막기 위해 비슷한 문항에 대해 서로 값이 반대인 질문(예: 법을 어겨도 된다, 법을 지켜야 한다)을 던져 응답의 일관성을 확인했다. 이 경우 응답은 사후에 긍정적 태도일수록 높은 점수를 부여받도록 재코딩하여 자료로 사용되었다. 그리고 비슷한 평가요소가 반복될 경우 학습효과나 특정 태도를 조작하려는 유혹을 느낄 수 있으므로 법지식요소를 제외한 나머지 종속변수에 관한 질문들은 무작위로 섞어서 제시했다.

　설문지의 초안을 만든 후 법교육 전문가, 소년원 학교의 교사 및 사회교육과 대학원생을 대상을 안면타당도를 점검받고 서울소년 분류심

사원의 비행청소년들을 대상으로 파일럿 스터디를 한 후 응답일관성이
낮거나 질문의 의미를 제대로 이해하지 못하는 문항 등을 제거한 최종
설문지를 확정하였다. 설문지에 포함된 척도의 신뢰도(cronbach α)는
최소 .731에서 최대 .891까지의 값을 보여 전체적으로 높은 내적 일치
도를 보였다. 최종 수정된 설문지는 다음 표와 같은 구성을 하고 있다.

〈표 13〉 설문지의 구성

대 분류		소 분류	문항 번호	cronbach α
종속 변인	인지	지식1(자기인식)	2-1~2-13	.891
		지식2(지식테스트)	2-14~2-24	.731
		법의 필요성 인식	1-13, 16, 22, 48, 50, 52, 53	.774
		자아존중의식	특수인성검사(1-15)	.838
	정서	법에 대한 친근감	1-1, 4, 7, 10, 19, 24, 25, 27, 28, 31	.785
		법에 대한 신뢰감	1-3, 6, 9, 12, 15, 18, 21, 26, 30, 33, 34, 36, 38, 39, 44	.857
		준법에 호의적 태도	1-45, 47, 49, 51, 54, 55, 56, 57, 59,	.799
	행동	법 사용의사	1-14, 29, 35, 43, 46, 58	.733
		법적 효능감	1-2, 5, 8, 17, 20, 23, 32, 37, 40, 41, 42	.780
통제변인		비행친구 요소	3-1~3-10	.831
		부모의 양육태도	3-11~3-15	.860
		가정의 경제수준에 대한 주관적 인식	3-16	*

* 통제변인 중 '연령'은 소년원 자료를 통해 확인하였음
* '가정의 경제수준에 대한 주관적 인식'은 문항이 하나뿐이었으므로 내적 일치도를 확인하지 않았음

설문조사 과정에는 연구자와 소년원학교 교사가 동석했으며 상대적
으로 많은 문항에 대한 부담을 줄이기 위해 응답시간의 제한을 두지
않고 천천히 답하도록 했다.

양적 연구의 한계를 보완하기 위해 부분적으로 질적 연구의 방법을
사용하였다. 전체 수업과정을 객관적으로 모니터링하고 학생의 반응을
확인하기 위해 법교육 전공 대학원생인 보조연구자가 모든 수업과정을
관찰하고 기록하였다. 또한 전체 수업과정이 모두 마무리된 후 대상

청소년들과의 심층 인터뷰를 실시하였으며 연구자, 보조연구자, 대상 청소년 간에 삼각확인(triangulation)된 자료를 다시 소년원학교 교사와 법교육 전문가에게 확인하는 과정을 통해 양적인 연구결과에 대한 해석을 보완하였다.

4. 분석방법

설문조사를 통해 수집된 자료는 SPSS for Windows 12.0 한글 프로그램을 통해 통계 처리되었다. 자료는 다음과 같은 방법을 통해 분석되었다.

첫째, 실험집단과 통제집단 간에 결과에 영향을 줄 수 있는 통제변인의 사전차이를 확인하기 위해 t-test를 실시했다. 두 집단은 기본적으로 무선 할당되었으나 혹시 있을 수도 있는 편향을 확인하고 사전에 제거하기 위한 것이다.

둘째, 실험을 통해 측정하려 하는 종속변인에서 실험집단과 통제집단 간에 사전적 차이가 있는지 t-test를 통해 확인했다. 사전검사 점수에서 집단 간 차이를 보인 경우에 대해서는 사전검사점수를 공변량으로 처리하여 ANCOVA를 실시하였다.

셋째, 법교육 수업이 완료된 후 수거된 사후검사 자료들의 평균을 t-test로 분석하여 법교육 효과를 확인하였다.

넷째, 변인별 설명력을 살펴보기 위해 회귀분석을 실시하였다. 모든 통제변인들을 공변량으로 일괄투입(enter)하여 혼란요인을 통제하였다. 회귀분석에서 가장 문제가 되는 다중공선성의 문제는 독립변인끼리의 피어슨 적률상관계수를 산출하여 진단하였다.

    질적 연구자료는 보조연구자의 수업모니터링 자료와 청소년들에 대한 심층면접 자료를 기록, 저장해 두었으나 본 연구에서는 양적 연구방법을 주로 사용하고 있으므로 본격적인 질적 분석은 실시하지 않고 양적 연구결과의 해석에만 부분적으로 활용하였다.

Ⅳ. 결과 분석 및 논의

이 장에서는 법교육이 비행청소년의 법의식에 미친 영향을 양적 방법을 사용하여 분석한다. 이를 위해 먼저 실험집단과 통제집단 간에 법의식에 차이가 발생했는지 사전검사와 사후검사 결과를 t-test를 통해 확인해 본다. 다음으로 이러한 차이에 영향을 미친 요인을 좀 더 분명하게 확인하기 위해, 관련된 변인들을 일괄 투입하여 다중회귀분석을 실시한 결과를 제시한다.

1. 법교육에 의한 법의식 변화

이 절에서는 법교육을 받은 집단과 받지 않은 집단 사이에 법의식 차이가 발생했는지 알아본다. 먼저 법교육을 실시하기 전에 두 집단 간에 법의식에 영향을 줄 수 있는 독립변인과 법의식 자체에 유의미한 차이가 있는지 확인해 보고, 차이가 있을 경우 사후검사 결과의 분석에 반영하였다. 다음으로 법교육을 실시한 후의 사후검사 결과를 분석하여 두 집단의 법의식에 유의미한 차이가 발생했는지 확인하였다.

1) 사전검사 결과

(1) 독립변인 사전검사

실험처치에 들어가기에 앞서 실험집단과 통제집단 간에 법의식 변화에 영향을 줄 수 있는 변인에 차이가 있는지 확인해 보았다. 선행연구 들에 대한 검토에서 법의식에 영향을 줄 수 있는 요인으로 경제적 수준, 연령, 비행친구, 부모의 양육태도 등을 확인하였다. 사전검사를 통해 확인된 실험, 통제집단 청소년들의 각 요인 특성을 t-test를 통해 비교해 보았다. 분석결과는 다음 표와 같다.

〈표 14〉 독립변인 사전검사

항 목	평 균 (표준편차)		t	유의확률
	실험집단	통제집단		
주관적 경제수준 인식	2.45(0.60)	2.20(.77)	1.144	.260
연 령	17.75(1.55)	16.35(1.81)	1.124	.268
비행친구 유무	26.8(5.89)	29.2(5.28)	-1.355	.184
부모의 양육태도	16.75(2.92)	17.2(2.84)	-.494	.624

(N = 실험: 20, 통제: 20)

 '주관적 경제수준 인식'에서는 실험집단 청소년들이 통제집단보다 자기 집의 경제적 형편을 가난한 편이라고 인식하는 경향이 더 많았고 '연령'도 평균 한 살 정도 많았다. 한편 '비행친구 유무'에서는 실험집단 청소년들이 비행친구가 더 많거나 친구들의 비행수준이 더 높았고 '부모의 양육태도'도 더 폭력적이거나 부부간의 다툼, 음주 경향 등이 더 많아 전반적으로 실험집단 청소년들의 환경이나 조건이 법의식에 부정적 영향을 끼칠 가능성이 높았다. 그러나 네 변인 모두 통계적으로 유의미한 차이를 보이지 않았으므로 실험처치 이전 단계에서 두 집단 간의 독립변인 차이는 없으며 무선할당이 잘 이루어진 것으로 볼 수 있다.

 (2) 종속변인 사전검사

 실험처치에 들어가기에 앞서 실험요인이 영향을 줄 것으로 예상되는 종속변인에 실험집단과 통제집단 간 차이가 존재하는지 확인하였다. 실험요인인 법교육 수업은 법의식에 영향을 줄 것으로 예상되는데 선행연구에 대한 검토를 통하여 다양한 법의식 가운데서도 법지식, 법의 필요성 인식, 법에 대한 친근감, 법에 대한 신뢰감, 준법에 호의적인 태도, 법 사용의사, 법적 효능감, 법적 관용성 등에 영향을 줄 것으로 확인되었다. 또한 이 요소들은 청소년 비행에 영향을 주는 보호요인들로 만약 법교육이 이 요인들에 영향을 줄 수 있다면 청소년 비행억제에도 영향을 줄 것으로 예상해 볼 수 있다. 따라서 두 집단 간에 각 법의식 요소의 사전적 차이가 존재하는지 t-test를 통해 비교해 보았다. 분석결과는 다음 표와 같다.

〈표 15〉 종속변인 사전검사

항 목		평균(표준편차)		t	유의확률
		실험집단	통제집단		
인지적	법지식	32.45(7.58)	32.85(6.01)	-.185	.854
	법의 필요성 인식	22.5(6.75)	27.35(4.51)	-2.670	.012[*]
	자아존중의식	45.7(32.75)	60.32(32.74)	-1.411	.166
정서적	법에 대한 친근감	24.5(4.54)	27.15(2.39)	-2.311	.028[*]
	법에 대한 신뢰감	32.2(5.91)	34.85(5.37)	-1.484	.146
	준법에 호의적인 태도	27.5(4.43)	32.0(6.04)	-2.685	.011[*]
행동적	법 사용의사	17.9(2.97)	19.7(2.90)	-1.937	.060
	법적 효능감	23.9(4.17)	26.4(3.08)	-2.152	.038[*]

*: p〈.05,
**: p〈.01,
***: p〈.001
(N =실험: 20, 통제: 20)

종속변인에 대한 사전검사 결과 인지적 측면에서 실험집단은 통제집단에 비해 법에 대한 지식이 적은 편이고 법의 필요성을 인식하는 수준도 낮으며 자아존중의식도 낮은 것으로 나타났다. 또한 정서적 측면에서 실험집단은 상대적으로 법에 대한 친근감, 신뢰감이 낮으며 준법에 덜 호의적인 것이었다. 행동적 측면에서도 법 사용의사, 법적 효능감이 모두 낮은 것으로 나타났다. 이러한 결과는 무선할당을 했음에도 전반적으로 태도와 학업수준이 낮은 청소년들이 실험집단에 배치된 것 같다는 소년원 교사들과의 면담내용과 일치하는 것으로, 전반적으로 실험집단의 청소년들은 통제집단보다 좋지 않은 법의식을 가지고 있는 것으로 확인되었다. 특히 법의 필요성 인식, 법에 대한 친근감, 준법에 호의적인 태도, 법적 효능감 등은 $p < .05$ 수준에서 통계적으로 유의미한 차이를 보였으므로 이러한 차이를 사후검사에서 공변량으로 처리하여 조정하였다.

2) 법교육 수업 후 법의식의 변화

사전검사 이후 약 6개월간의 법교육 수업을 실시하고 다시 양 집단에 대해 사후검사를 실시하여 법의식에서 어떤 변화가 있었는지 확인하였다. 사전검사와 마찬가지로 사후검사에서도 인지, 정의, 행동적 각 영역에서의 법의식 점수 평균을 t-test를 사용하여 분석하였다.

(1) 인지적 영역의 변화

다음 표는 법교육 수업 후 실험집단과 통제집단 청소년들의 인지적 영역에서의 법의식 평균점수를 비교한 것이다.

〈표 16〉 법의식의 인지적 영역의 변화

항 목		평균(표준편차)		t	유의확률
		실험집단	통제집단		
인지적	법지식	50.55(6.16)	33.55(6.59)	8.428	.000***
	법의 필요성 인식	23.95(2.70)	20.55(2.30)	4.279	.000***
	자아존중의식	66.04(26.07)	45.92(28.65)	2.323	.026*

*: $p < .05$,
**: $p < .01$,
***: $p < .001$
(N = 실험: 20, 통제: 20)

조사결과 실험집단 청소년들은 법지식 점수에서 평균 50.55점으로 법교육 수업을 받지 않은 통제집단 청소년들(33.55점)보다 평균 17점이 더 높았다. 이러한 결과는 $p < .001$ 수준에서 통계적으로 유의미한 차이이다. 또한 법의 필요성에 대한 인식에서도 실험집단의 청소년들(23.95)은 통제집단의 청소년들(20.55)보다 법의 중요성과 필요성을 더 강하게 인식하고 있는 것으로 나타났으며 역시 $p < .001$ 수준에서 통계적으로 유의미한 차이였다. 여자비행청소년의 비행에 커다란 영향을 미치는 자아존중의식 역시 사전검사에서는 통제집단이 더 높게 나타났으나 법교육 처치 후 실험집단의 청소년들(66.04)이 통제집단 청소년들(45.92)보다 $p < .05$ 수준에서 통계적으로 유의미하게 높아진 것이 확인되었다. 이러한 결과는 법교육 수업을 통해 법의식의 인지적 수준에서 실험집단 청소년들에게 긍정적인 변화가 발생했음을 의미한다. 실험집단의 청소년들은 약 6개월간에 걸쳐 꾸준히 법교육 수업을 받은 반면 통제집단의 청소년들은 별도의 법교육을 받지 못했으므로 법지식 측면에서 커다란 차이가 발생한 것은 충분히 예상 가능한 결과라고 할 수 있다. 반면 이러한 법교육이 법의 필요성에 대한 인식에도 차이를 가져온 것은 의미 있는 변화라고 할 수 있다. 특히 자아존중의식이 상대적으로 크게 높아졌다는 것은 법교육을 통해 자기 자신의 가치와 소중함에 대한 인식을 긍정적으로 변화시킬 수 있는 계기가 마련된 것으로 해석해 볼 수 있다.

동일한 질문지를 사용했던 사전검사 결과와의 비교해 보면 몇 가지 차이가 발견된다. 법지식의 측면에서는 실험집단 청소년들이 큰 증가를 보인 반면 통제집단의 청소년들도 약간 지식이 증가하여 두 집단 모두 법지식의 변화 방향 자체는 증가추세였다. 그러나 법의 필요성 인식은 실험집단에서는 약간 증가한 데 반해 통제집단에서는 사전검사 시보다 오히려 약간 감소한 것을 확인할 수 있다. 이는 기존의 비행청소년에 대한 교정교육이 법의 필요성을 인식하도록 하는 데 별다른 영향을 주지 못한 반면 법교육은 이러한 인식을 증진시키는 데 상대적으로 높은 효과가 있다는 것을 보여주는 것이다. 자아존중의식의 측면도 마찬가지였다. 법교육을 받은 청소년들의 자아존중의식이 높아진 것도 주목할만한 변화이지만 상대적으로 법교육이 아닌 일반 교정교육을 받은 청소년들의 자아존중의식이 크게 떨어진 것은 현행 비행예방, 치료 교육에서 청소년들의 자아존중의식을 높일 수 있는 계기를 좀 더 확대할필요가 있음을 보여주는 것이다.

(2) 정서적 영역의 변화

다음 표는 법교육 수업 후 실험집단과 통제집단 청소년들의 정서적영역에서의 법의식 평균점수를 비교한 것이다.

〈표 17〉 법의식의 정서적 영역의 변화

항 목		평균(표준편차)		t	유의확률
		실험집단	통제집단		
정서적	법에 대한 친근감	29.85(3.98)	24.30(2.60)	5.225	.000***
	법에 대한 신뢰감	45.20(6.08)	35.20(3.56)	6.343	.000***
	준법에 호의적인 태도	28.95(3.07)	25.65(4.13)	2.867	.007**

*: $p < .05$,
**: $p < .01$,
***: $p < .001$ (N =실험: 20, 통제: 20)

조사결과 법에 대한 친근감 항목에서 실험집단의 청소년들(29.85)은통제집단의 청소년들(24.30)보다 평균 5.35점이 더 높았다. 법에 대한신뢰감 항목에서도 실험집단 청소년들의 점수(45.20)가 통제집단 청소년들의 점수(35.20)보다 10점 더 높았으며 이러한 차이는 $p < .001$ 수준에서 통계적으로 유의미했다. 또한 준법에 호의적인 태도 항목에서도실험집단 청소년들의 점수(28.95)가 통제집단 청소년들의 점수(25.65)보다 3.3점 더 높았으며 이는 $p < .01$ 수준에서 통계적으로 유의미한 차이

였다. 따라서 법의식의 정서적 측면에서는 세 항목 모두 법교육 수업
을 받은 실험집단 청소년들이 통제집단 청소년들보다 높은 태도변화를
보였다.

사전검사 결과와 비교해 보면 실험집단 청소년들은 세 항목 모두 사
전검사 시보다 훨씬 긍정적인 방향으로 변화했음을 확인할 수 있다.
그러나 통제집단 청소년들은 법에 대한 친근감이나 준법에 호의적인
태도가 오히려 약간 감소하였으며 법에 대한 신뢰감만 약간 증가한 상
태였다. 이는 재소자들이 권위체에 대한 지지와 신뢰수준이 오히려 더
높다는 강구진(1983)의 연구결과와 일치하는 것이다. 강구진은 이러한
경향이 재소자들의 낮은 학력과 재소 상태 자체가 갖는 권위체에 대한
복종적 성격 때문인 것으로 예상하였다. 신뢰감은 증가하였으나 친근감
이나 준법에 대한 호의적 태도는 오히려 감소하여 불일치한 정서적 태
도를 보이는 것도 복종과 보호라는 특수한 상황으로 일정부분 설명할
수 있다.

(3) 행동적 영역의 변화

다음 표는 법교육 수업 후 실험집단과 통제집단 청소년들의 행동적
영역에서의 법의식 평균점수를 비교한 것이다.

〈표 18〉 법의식의 행동적 영역의 변화

항목		평균(표준편차)		t	유의확률
		실험집단	통제집단		
행동적	법 사용의사	22.80(2.21)	20.35(2.62)	3.193	.003**
	법적 효능감	31.85(2.62)	24.55(3.27)	7.792	.000***

  *: p〈.05,
 **: p〈.01,
***: p〈.001
(N =실험: 20, 통제: 20)

조사결과 법 사용의사 항목에서 실험집단의 청소년들(22.80)이 통제집단의 청소년들(20.35)보다 평균 2.45점 높았으며 p<.01 수준에서 통계적으로 유의미한 결과였다. 스스로 법을 사용할 능력이 있다고 느끼는 정도를 표시하는 법적 효능감의 항목에서도 실험집단 청소년들(31.85)은 통제집단 청소년들(24.55)보다 6.3점 높은 점수를 보여 p<.001 수준에서 통계적으로 유의미한 차이를 보였다.

사전검사 결과와 비교해 보면 실험집단 청소년들은 두 항목 모두 사전검사 시보다 긍정적인 방향으로 태도가 변화했음을 알 수 있다. 반면, 통제집단 청소년들은 법 사용의사의 측면에서는 약간 더 긍정적으로 변화했으나 법적 효능감은 오히려 감소한 것으로 나타났다. 이러한 결과는 6개월이 넘는 재소 교육기간 동안 법 관련 내용을 접하거나 직접 활용해 볼 기회가 거의 없기 때문에 법 사용능력에 대한 자신감이 줄어들게 되었기 때문으로 보인다.

3) 논 의

법교육을 실시하기 이전의 사전검사는 독립변인 사전검사와 종속변인 사전검사로 나누어 실시했다. 실험집단의 청소년들은 통제집단의 청소년들보다 스스로 경제수준이 낮다는 인식을 더 많이 가지고 있으며 연령이 약간 더 높고 비행친구가 더 많거나 친구들의 비행수준이 더 높았으며 부모의 양육태도도 좋지 않았다. 그러나 이러한 차이는 통계적으로 유의미한 것은 아니었다. 또한 실험집단 청소년들은 통제집단 청소년들에 비해 전반적으로 법의식 수준이 낮거나 부정적이었다. 특히 법의 필요성 인식, 법에 대한 친근감, 준법에 호의적인 태도, 법적 효능감 등은 통계적으로 유의미한 차이가 있었다. 따라서 법교육 수업을 실시하기 이전 단계에서 실험집단 청소년들의 환경조건이나 법의식 수준은 통제집단 청소년들보다 나쁜 상태였다고 볼 수 있다.

약 6개월간의 법교육 수업 후 실시한 사후검사에서는 이러한 법의식 수준에서 분명한 변화가 확인되었다.

먼저 인지적 영역에서 법지식, 법의 필요성 인식, 자아존중의식 등 모든 부분에서 법교육 수업을 받은 청소년들이 받지 않은 통제집단의 청소년들보다 통계적으로 유의하게 긍정적인 변화를 보였다. 가장 큰 변화를 보인 부분은 법지식 부분이었다. 그러나 실험집단의 청소년들은 6개월 동안 꾸준히 법교육 수업을 받은 반면 통제집단 청소년들은 법에 관련된 지식들을 접하지 못했으므로 이러한 차이는 예상 가능한 것이라고 할 수도 있다. 보다 의미 있는 차이는 실험집단 청소년들의 법의 필요성 인식 수준이 크게 높아진 것이다. 법에 관련된 수업을 받으면서 사회통합과 유지를 위한 법의 역할과 중요성을 인식하게 된 것으로 이와 같은 변화는 법을 지키고 비행행동을 억제하는 계기로 작용할수 있을 것이다. 또한 자아존중의식이 크게 높아진 것도 주목할 만한 변화이다. 선행연구를 통해 확인한 바와 같이 비행청소년, 특히 여자비행청소년의 경우 자아존중의 수준은 비행행동에 큰 영향을 준다. 개개인의 권리를 중요하게 여기고 보호하는 법의 원칙과 방법들에 대해 학습하면서 자연스럽게 자신을 소중하게 여기고 스스로 자신감을 얻게되는 결과로 이어진 것으로 보인다. 반대로 법교육 수업을 받지 않고 일반 교정교육을 받은 통제집단의 청소년들이 법의 필요성 인식이나 자아존중의식의 측면에서 오히려 악화된 결과를 보인 것은 기존의 교정교육만으로는 법의식을 향상시키는 데 분명한 한계가 있다는 것을 보여주는 것이다.

정서적 영역에서 법교육 수업을 받은 실험집단 청소년들은 통제집단 청소년들보다 법에 대한 친근감, 신뢰감, 준법에 호의적인 태도가 모두 통계적으로 유의미하게 향상되었다. 법에 대해 어렵고 딱딱한 것으로만 느껴서 일종의 소외감을 강하게 느끼기 때문에 법에 대한 믿음도 부족하고 오히려 법을 지킬 필요가 없다고 막연하게 생각하는 태도를 가졌던 청소년들이 법에 대해 쉽고 재미있게 꾸준한 수업을 받으면서 법이 자신의 생활과 밀접한 관련을 가진 믿을 만한 원칙이라는 생각을 갖게 된 것으로 보인다. 반면 정서적 영역에서도 통제집단 청소년들은 6개월 전보다 오히려 악화된 의식수준을 보였다.

행동적 영역에서도 실험집단과 통제집단 청소년들은 통계적으로 유의미한 차이를 보였다. 즉, 실험집단 청소년들은 자신이나 타인에게 문제가 발생했을 때 법적 절차를 통해 문제를 해결하려는 의사와 자신감이 높아진 반면 통제집단 청소년들은 6개월 전보다 더 자신감을 잃고 있었다.

이상의 결과를 종합해 보면 법교육 수업을 받은 청소년들은 법의식의 인지적, 정서적, 행동적 영역에서 모두 법교육 수업을 받기 전보다 긍정적인 변화를 보였으며 모든 항목에서 통제집단 청소년들에 비해 상대적으로 더 큰 변화를 보인 것으로 확인되었다. 반면 법교육 수업을 받지 않은 통제집단 청소년들은 법적 지식, 신뢰감, 법 사용의사에서는 긍정적인 변화를 보였으나 그 변화의 폭이 상대적으로 적었으며 법의 필요성 인식, 법에 대한 친근감, 준법에 호의적인 태도, 법적 효능감 등은 오히려 감소하여 법의식이 부정적으로 변화할 가능성도 보였다. 따라서 법교육 수업을 받은 여자비행청소년들은 법의식이 더 긍정적으로, 더 크게 변화했다고 결론내릴 수 있다.

2. 법의식 변화의 설명변인

그렇다면 이러한 법의식 변화를 가장 잘 설명할 수 있는 변인은 무엇일까? 이미 실험설계 단계에서 집단을 무선 할당하고 사전검사를 통해 실험집단과 통제집단 사이에 법의식에 영향을 줄 수 있는 독립변인들에 통계적으로 유의미한 차이가 없음을 확인하였다. 그러나 집단 내에 각 표본 간에는 독립변인의 차이가 있을 수 있으며 이러한 변수들은 각 종속변인에 따라 영향력에 차이가 있을 수 있다. 따라서 여자 비행청소년의 법의식 변화를 가장 잘 설명하는 변인이 무엇인지 확인하기 위해 관련된 변인을 일괄투입(enter)한 다중회귀분석을 실시하였다. 회귀식은 다음과 같다.

〈회귀식〉 여자비행청소년의 법의식 변화와 배경변인

$$Y_{i(1,\ 2,\ 3,\ 4,\ 5,\ 6,\ 7,\ 8)}=a+b_1X_1+b_2X_2+b_3X_3+b_4X_4+b_5X_5+e_i$$

a = 상수

$Y_{1,\ 2,\ 3,\ 4,\ 5,\ 6,\ 7,\ 8,\ 9}$ = 여자비행청소년의 1) 법지식 변화
2) 법의 필요성 인식 변화
3) 자아존중의식 변화
4) 법에 대한 친근감 변화
5) 법에 대한 신뢰감 변화
6) 준법에 우호적인 태도변화
7) 법 사용의사 변화
8) 법적 효능감 변화

X_1 = 법교육여부
X_2 = 주관적 경제수준 인식
X_3 = 연령
X_4 = 비행친구요소
X_5 = 부모의 양육태도
e_i = 오차

---

1) 상관관계 분석

회귀분석을 실시하기에 앞서, 회귀분석에 포함되는 독립변인 간 상관

관계 분석 및 독립변인과 종속변인 간 상관관계 분석을 실시하여 변인들 간의 특성을 직관적으로 살펴보고, 다중공선성의 문제를 파악하였다.

① 독립변인 간 상관관계 분석

〈표 19〉 독립변인 간 상관관계 분석결과

변인명	법교육여부	주관적 경제수준인식	연 령	비행친구 요소	부모의 양육태도
법교육여부	1	-.182	.179	.215	.080
주관적 경제수준인식	(.260)	1	-.254	.085	-.164
연령	(.268)	(.114)	1	-.142	-.026
비행친구요소	(.183)	(.603)	(.383)	1	.251
부모의 양육태도	(.624)	(.311)	(.872)	(.118)	1

*: p〈.05,
**: p〈.01,
***: p〈.001
(괄호 안은 유의수준)

독립변인 간 상관관계 분석결과 통계적으로 유의미한 상관관계가 나타나지 않았으므로 다중공선성의 문제는 없다고 판단된다.

② 독립변인과 종속변인 간의 상관관계 분석

독립변인과 종속변인 간의 상관관계를 분석한 결과 법교육 여부는 관용성을 제외한 모든 법의식 항목과 관련되어 있는 것으로 나타났다. 구체적으로 살펴보면 법교육을 받은 청소년(집단분류: 1)들이 법교육을 받지 않은 청소년(집단분류: 2)들보다 법지식, 법의 필요성 인식, 자아존중의식, 법에 대한 친근감, 신뢰감, 준법에 우호적인 태도, 법 사용의사, 법적 효능감 등이 통계적으로 유의미하게 높았다. 반면 다른 독립변인들은 법의식 각 항목들과 대부분 통계적으로 유의미한 연관이 없거나 약한 연관이 존재하는 것으로 나타났으며 연령 변인만이 준법에

우호적인 태도와 연관성을 보였다. 연령이 높아질수록 준법에 우호적인
태도가 감소하는 것으로 나타났는데(r＝.372, p＜.05), 이는 어릴수록 규
칙을 준수하려는 태도가 강하고 연령이 높아질수록 이러한 태도가 감
소하면서 비행경향성이 증가한다는 문용린, 조영달의 연구(1994)와 일
치하는 것이다.

〈표 20〉 독립변인과 종속변인 간의 상관관계 분석결과

독립변인 종속변인	법교육여부	주관적 경제수준인식	연령	비행친구 요소	부모양육 태도
법지식	-.807***(.000)	.077(.635)	-.165(.310)	-.168(.301)	-.029(.861)
필요성인식	-.570***(.000)	-.077(.639)	.183(.258)	-.290(.070)	-.089(.587)
자아존중의식	-.353*(.026)	.059(.718)	.160(.324)	-.086(.596)	-.030(.854)
친근감	-.647***(.000)	-.025(.877)	.038(.817)	-.153(.345)	.011(.949)
신뢰감	-.717***(.000)	.138(.395)	.098(.548)	-.089(.584)	-.065(.692)
준법우호	-.422**(.007)	-.036(.824)	.372*(.018)	-.169(.297)	-.260(.105)
사용의사	-.460**(.003)	-.020(.902)	.156(.336)	-.171(.291)	-.221(.170)
효능감	-.784***(.000)	.011(.946)	-.107(.510)	-.133(.415)	.065(.689)

*: p〈.05,
**: p〈.01,
***: p〈.001
(괄호 안은 유의수준)

2) 다중회귀분석

(1) 인지적 영역

① 법에 대한 지식

법의 각 영역에 대한 지식수준을 점수화한 '법지식'을 종속변수로 하
고, 이에 영향을 줄 것으로 예상되는 법교육 여부, 주관적 경제수준 인
식, 연령, 비행친구 요소, 부모의 양육태도 등을 독립변수로 일괄 투입

하여 회귀분석을 실시했다. 이 회귀 모형이 여자비행청소년의 법지식
점수에 대해 설명하는 정도는 65.8%(R^2=.658)로, p<.001수준에서 통계
적으로 의미 있는 것으로 나타났다.

법지식에 영향을 주는 독립변인은 법교육 여부로 나타났다. 법교육
수업을 받은 청소년들의 법지식이 법교육 수업을 받지 않은 청소년들
보다 더 높은 경향이 있다는 것이다. 다른 독립변인들은 법지식에 거
의 영향을 주지 않는 것으로 나타났다.

〈표 21〉 법지식 회귀분석 모델

변 인	회귀계수(B)	표준오차	Beta	t	p
(상수)	89.735	61.525		1.459	.154
법교육여부	-17.212	2.244	-.817	-7.672	.000***
주관적 경제수준인식	-1.194	1.648	-.078	-.725	.473
연령	-.232	.668	-.037	-.347	.730
비행친구요소	.007	.204	.004	.032	.974
부모의 양육태도	.083	.395	.022	.209	.836

R	R 제곱	수정된 R 제곱	추정값의 표준오차
.811	.658	.608	6.67515

	제곱합	자유도	평균제곱	F	유의확률
회귀계수	2920.941	5	584.188	13.111	.000***
오 차	1514.959	34	44.558		
합 계	4435.900	39			

*: p<.05,
**: p<.01,
***: p<.001

② 법의 필요성에 대한 인식

법이 얼마나 필요하고 중요하다고 인식하는지를 묻는 질문들을 점수
화한 '법의 필요성에 대한 인식'을 종속변수로 하고, 이에 영향을 줄

것으로 예상되는 법교육 여부, 주관적 경제수준 인식, 연령, 비행친구 요소, 부모의 양육태도 등을 독립변수로 일괄 투입하여 회귀분석을 실시했다. 이 회귀 모형이 여자비행청소년의 법의 필요성 인식 점수에 대해 설명하는 정도는 43.6% (R^2=.436)로, p<.001수준에서 통계적으로 의미 있는 것으로 나타났다.

<표 22> 법의 필요성에 대한 인식 회귀분석 모델

변인	회귀계수(B)	표준오차	Beta	t	p
(상수)	-8.071	22.380		-.361	.721
법교육여부	-3.646	.816	-.611	-4.467	.000***
주관적경제수준인식	-.526	.599	-.121	-.877	.387
연령	.439	.243	.246	1.805	.080
비행친구요소	-.057	.074	-.106	-.764	.450
부모의 양육태도	-.028	.144	-.026	-.195	.847

R	R 제곱	수정된 R 제곱	추정값의 표준오차
.660	.436	.353	2.42807

	제곱합	자유도	평균제곱	F	유의확률
회귀계수	155.052	5	31.010	5.260	.001***
오차	200.448	34	5.896		
합계	355.500	39			

*: p<.05,
**: p<.01,
***: p<.001

법의 필요성 인식에도 법교육이 가장 큰 영향을 주는 것으로 나타났다. 법교육 수업을 받은 청소년들이 법교육 수업을 받지 않은 청소년들보다 법을 더 중요하고 필요한 것으로 인식하는 경향이 있다는 것이다. 연령 변인도 법의 필요성 인식에 상당한 영향을 주는 것으로 나타났다. 회귀계수를 통해 볼 때 연령이 낮을수록 법의 필요성과 중요성을 강하게 인식하고 연령이 높아질수록 이러한 인식이 감소하는 것으로 나타났다.[10] 그러나 이러한 경향은 통계적으로 유의미한 차이는 아니었다. 다른 독립변인들은 법지식에 거의 영향을 주지 않는 것으로 나타났다.

③ 자아존중의식

스스로 자신을 얼마나 가치 있고 소중한 존재로 인식하는지를 묻는 질문들을 점수화한 '자아존중의식'을 종속변수로 하고, 이에 영향을 줄 것으로 예상되는 법교육 여부, 주관적 경제수준 인식, 연령, 비행친구 요소, 부모의 양육태도 등을 독립변수로 일괄 투입하여 회귀분석을 실시했다. 이 회귀 모형이 여자비행청소년의 자아존중의식 점수에 대해 설명하는 정도는 17.9%(R^2=.179)로, 통계적으로 의미 있는 차이가 없었다(p=.221) 즉, 본 회귀 모형은 자아존중의식 점수를 예측하는 데 통계적으로 유의하지 못한 것으로 나타났다.

이렇게 회귀 모형이 유의하지 못한 이유는 법교육 이외에 다른 독립변수들이 자아존중의식 변화에 별다른 영향을 주지 않기 때문인 것으로 해석될 수 있다. 법교육 여부는 p=.023으로 p<.05 수준에서 통계적으로 유의미하게 자아존중의식에 영향을 주고 있으며 법교육을 받은 청소년들이 더 높은 자아존중의식을 갖는 것으로 나타났다. 그러나 나머지 독립변수들은 자아존중의식 수준과 통계적으로 유의미한 관련성이 없었다. 상대적으로 연령변수가 자아존중의식과 관련이 있는 것으로 나타났는데 나이가 어린 청소년들일수록 자아존중의식이 좀 더 높은 것으로 나타났다. 이 역시 연령이 낮을수록 좀 더 긍정적인 법의식을 지니고, 연령이 증가할수록 부정적으로 변화해 간다는 기존의 연구결과를 뒷받침하는 결과라고 볼 수 있다. 그러나 이러한 경향은 통계적으로 유의미한 차이는 아니었다. 다른 독립변인들은 자아존중의식에 거의 영향을 주지 않는 것으로 나타났다.

---

10) 연령 변인은 생년월일을 입력하였으므로 수치가 증가할수록 연령이 낮아짐.

〈표 23〉 자아존중의식 회귀분석 모델

변 인	회귀계수(B)	표준오차	Beta	t	p
(상수)	-296.148	258.424		-1.146	.260
법교육여부	-22.511	9.423	-.395	-2.389	.023*
주관적 경제수준인식	2.044	6.920	.049	.295	.770
연령	4.219	2.808	.247	1.503	.142
비행친구요소	.136	.859	.027	.159	.875
부모의 양육태도	.095	1.659	.009	.057	.955

R	R 제곱	수정된 R 제곱	추정값의 표준오차
.423	.179	.058	28.03760

	제곱합	자유도	평균제곱	F	유의확률
회귀계수	5827.943	5	1165.589	1.483	.221
오 차	26727.641	34	786.107		
합 계	32555.584	39			

*: p < .05,
**: p < .01,
***: p < .001

(2) 정서적 영역

① 법에 대한 친근감

법이 얼마나 자신의 삶과 밀접하고 친근한 것으로 느끼는지 묻는 질문들을 점수화한 '법에 대한 친근감'을 종속변수로 하고, 이에 영향을 줄 것으로 예상되는 법교육 여부, 주관적 경제수준 인식, 연령, 비행친구 요소, 부모의 양육태도 등을 독립변수로 일괄 투입하여 회귀분석을 실시했다. 이 회귀 모형이 여자비행청소년의 법에 대한 친근감 점수에 대해 설명하는 정도는 45.8%(R^2=.458)로, p<.001수준에서 통계적으로 의미 있는 것으로 나타났다.

법교육 여부는 법에 대한 친근감에도 영향을 주는 것으로 나타났다. 법교육 수업을 받은 청소년들은 법교육 수업을 받지 않은 청소년들보다 법을 더 친근하게 느끼는 경향이 발견되었다. 연령이 낮을수록 친근감이 높은 경향도 있으나 영향력이 적어서 통계적으로 유의미하지 않았고 다른 독립변인들은 법에 대한 친근감에 거의 영향을 주지 않는 것으로 나타났다.

〈표 24〉 법에 대한 친근감 회귀분석 모델

변 인	회귀계수(B)	표준오차	Beta	t	p
(상수)	4.589	31.588		.145	.885
법교육여부	-5.994	1.152	-.698	-5.204	.000***
주관적 경제수준인식	-.694	.846	-.111	-.821	.418
연령	.354	.343	.138	1.032	.309
비행친구요소	.010	.105	.014	.099	.922
부모의 양육태도	.074	.203	.048	.363	.719

R	R 제곱	수정된 R 제곱	추정값의 표준오차
.677	.458	.378	3.42714

	제곱합	자유도	평균제곱	F	유의확률
회귀계수	337.436	5	67.487	5.746	.001***
오차	399.339	34	11.745		
합계	736.775	39			

*: $p < .05$,
**: $p < .01$,
***: $p < .001$

② 법에 대한 신뢰감

법과 법적 권위체가 얼마나 공정하고 믿을 만하다고 느끼는지 묻는 질문들을 점수화한 '법에 대한 신뢰감'을 종속변수로 하고, 이에 영향을 줄 것으로 예상되는 법교육 여부, 주관적 경제수준 인식, 연령, 비행친구 요소, 부모의 양육태도 등을 독립변수로 일괄 투입하여 회귀분석을 실시했다. 이 회귀 모형이 여자비행청소년의 법에 대한 신뢰감 점수에 대해 설명하는 정도는 58.3%(R^2=.583)로, p<.001수준에서 통계적으로 의미 있는 것으로 나타났다.

여러 독립변인들 중 법교육 여부와 연령이 법에 대한 신뢰감에 영향을 주는 독립변인으로 나타났다. 법교육 수업을 받은 청소년들이 받지 않은 청소년들보다 법에 대한 신뢰감이 더 높은 경향이 있었다. 또한 연령이 낮을수록 법에 대한 신뢰감이 높고 연령이 높을수록 신뢰감이 낮은 경향이 발견되었다.

〈표 25〉 법에 대한 신뢰감 회귀분석 모델

변 인	회귀계수(B)	표준오차	Beta	t	p
(상수)	-47.004	45.032		-1.044	.304
법교육여부	-10.864	1.642	-.779	-6.616	.000***
주관적 경제수준인식	.522	1.206	.051	.433	.668
연령	1.111	.489	.266	2.271	.030*
비행친구요소	.144	.150	.116	.963	.342
부모의 양육태도	-.040	.289	-.016	-.137	.892

R	R 제곱	수정된 R 제곱	추정값의 표준오차
.763	.583	.521	4.88569

	제곱합	자유도	평균제곱	F	유의확률
회귀계수	1132.821	5	226.564	9.492	.000***
오차	811.579	34	23.870		
합계	1944.400	39			

*: p<.05,
**: p<.01,
***: p<.001

③ 준법에 호의적인 태도

비행행동을 선호하는지 또는 법을 반드시 지키는 것이 좋다고 느끼는지를 묻는 질문들을 점수화한 '준법에 호의적인 태도'를 종속변수로 하고, 이에 영향을 줄 것으로 예상되는 법교육 여부, 주관적 경제수준 인식, 연령, 비행친구 요소, 부모의 양육태도 등을 독립변수로 일괄 투입하여 회귀분석을 실시했다. 이 회귀 모형이 여자비행청소년의 법지식 점수에 대해 설명하는 정도는 43.5%(R^2=.435)로, p<.001수준에서 통계적으로 의미 있는 것으로 나타났다.

준법에 호의적인 태도에 영향을 주는 독립변인은 법교육 여부와 연령이었다. 법교육 수업을 받은 청소년들은 받지 않은 청소년들보다 법을 지키는 것이 더 좋다고 느끼는 경향이 나타났다. 또한 연령이 낮을수록 준법행동에 대한 호감이 강했으며 연령이 높아질수록 비행에 호의적인 태도가 증가하는 것으로 확인되었다. 통계적으로 유의미한 차이를 보인 것은 아니지만 부모의 양육태도도 상당한 영향을 주는 것으로 나타났다. 즉, 부모가 폭력적이거나 불성실할 경우, 또는 부모 간의 사이가 좋지 않을 경우 비행에 호의적인 태도를 가질 가능성이 높다는 것이다.

〈표 26〉 준법에 호의적인 태도 회귀분석 모델

변인	회귀계수(B)	표준오차	Beta	t	p
(상수)	-55.902	29.413		-1.901	.066
법교육여부	-3.986	1.073	-.509	-3.716	.001***
주관적 경제수준인식	-.335	.788	-.059	-.426	.673
연령	1.057	.320	.452	3.309	.002**
비행친구요소	.048	.098	.068	.488	.629
부모의 양육태도	-.326	.189	-.234	-1.726	.093

R	R 제곱	수정된 R 제곱	추정값의 표준오차
.659	.435	.351	3.19114

	제곱합	자유도	평균제곱	F	유의확률
회귀계수	266.165	5	53.233	5.227	.001***
오차	346.235	34	10.183		
합계	612.400	39			

*: p〈.05, **: p〈.01, ***: p〈.001

(3) 행동적 영역

① 법 사용의사

직접 법을 활용하여 자신이나 타인의 문제를 해결할 행동의지가 있는지 묻는 질문들을 점수화한 '법 사용의사'를 종속변수로 하고, 이에 영향을 줄 것으로 예상되는 법교육 여부, 주관적 경제수준 인식, 연령, 비행친구 요소, 부모의 양육태도 등을 독립변수로 일괄 투입하여 회귀분석을 실시했다. 이 회귀 모형이 여자비행청소년의 법 사용의사 점수에 대해 설명하는 정도는 30.9%(R^2=.359)로, p<.05 수준에서 통계적으로 의미 있는 것으로 나타났다.

법 사용의사에 영향을 주는 독립변인은 법교육 여부로 나타났다. 법교육 수업을 받은 청소년들이 수업을 받지 않은 청소년들보다 더 적극적으로 법을 활용하려는 태도를 갖게 된다는 것이다. 통계적으로 유의미한 차이는 아니었지만 연령이나 부모의 양육태도도 일정부분 법 사용의사에 영향을 주는 것으로 보인다. 즉, 연령이 낮고 부모의 양육태도가 성실할수록 법 사용의사가 높아지는 경향이 있었다.

〈표 27〉 법 사용의사 회귀분석 모델

변인	회귀계수(B)	표준오차	Beta	t	p
(상수)	-2.318	22.143		-.105	.917
법교육여부	-2.697	.807	-.506	-3.340	.002**
주관적 경제수준인식	-.352	.593	-.090	-.593	.557
연령	.354	.241	.223	1.474	.150
비행친구요소	.012	.074	.026	.168	.867
부모의 양육태도	-.186	.142	-.197	-1.308	.200

R	R 제곱	수정된 R 제곱	추정값의 표준오차
.555	.309	.207	2.40236

	제곱합	자유도	평균제곱	F	유의확률
회귀계수	87.550	5	17.510	3.034	.023*
오차	196.225	34	5.771		
합계	283.775	39			

*: p＜.05,
**: p＜.01,
***: p＜.001

② 법적 효능감

자신이 법을 사용할 능력을 얼마나 가지고 있으며 그러한 자신의 행동에 공무원이나 법적 권위체가 반응하여 변화가 생길 것이라고 생각하는지 묻는 질문들을 점수화한 '법적 효능감'을 종속변수로 하고, 이에 영향을 줄 것으로 예상되는 법교육 여부, 주관적 경제수준 인식, 연령, 비행친구 요소, 부모의 양육태도 등을 독립변수로 일괄 투입하여 회귀분석을 실시했다. 이 회귀 모형이 여자비행청소년의 법적 효능감 점수에 대해 설명하는 정도는 64.6% (R^2=.646)로, p＜.001수준에서 통계적으로 의미 있는 것으로 나타났다.

법적 효능감에 가장 큰 영향을 주는 독립변인은 법교육 여부였다.

법교육을 받은 청소년들은 받지 않은 청소년들보다 더 높은 법적 효능감을 갖는 경향이 있었다. 다른 독립변인들은 법적 효능감에 거의 영향을 주지 않는 것으로 나타났다.

〈표 28〉 법적 효능감 회귀분석 모델

변인	회귀계수(B)	표준오차	Beta	t	p
(상수)	33.755	27.683		1.219	.231
법교육여부	-7.672	1.009	-.824	-7.600	.000***
주관적 경제수준인식	-.819	.741	-.121	-1.105	.277
연령	.047	.301	.017	.158	.876
비행친구 요소	.026	.092	.031	.279	.780
부모의 양육태도	.172	.178	.104	.968	.340

R	R 제곱	수정된 R 제곱	추정값의 표준오차
.804	.646	.594	3.00350

	제곱합	자유도	평균제곱	F	유의확률
회귀계수	559.686	5	111.937	12.409	.000***
오차	306.714	34	9.021		
합계	866.400	39			

*: p < .05,
**: p < .01,
***: p < .001

3) 논 의

실험집단과 통제집단의 법의식 차이를 가장 잘 설명할 수 있는 변인을 찾기 위해 관련된 변인들을 일괄 투입한 다중회귀분석을 실시하였다.

분석결과 인지적 영역 중 법에 대한 지식 변화에 가장 큰 영향을 준 것은 법교육 여부였으며 다른 독립변인들은 거의 영향을 주지 않은 것으로 나타났다. 법의 필요성에 대한 인식 변화에 가장 큰 영향을 준 것도 법교육 여부였다. 또한 통계적으로 유의미한 차이는 아니지만 연령이 낮을수록 법의 필요성과 중요성을 강하게 인식하고 연령이 높아질수록 이러한 인식이 감소하는 것으로 나타났다. 자아존중의식도 법교육의 여부에 가장 큰 영향을 받았으며 연령이 높아질수록 자아존중의식이 감소하는 경향도 발견되었다.

정서적 영역에서도 비슷한 경향이 나타났다. 법에 대한 친근감, 신뢰감, 준법에 대한 태도 모두 법교육 여부와 연령 수준에 영향을 받는 것으로 나타났다. 즉, 법교육을 받을수록, 연령이 낮을수록 친근감, 신뢰감, 준법에 대한 태도가 높은 것으로 나타났다.

행동적 영역에서는 연령 변인의 영향이 더 작아져서 법교육 여부만이 영향을 주는 것으로 나타났다. 즉, 법 사용의사와 법적 효능감은 법교육을 받았는지 받지 않았는지의 여부에 따라 변화하며 다른 변인들은 별다른 영향을 주지 않는다는 것이다.

그러나 이상과 같은 결과가 법교육이 청소년 개인들의 경제적 수준이나 연령, 주변의 비행친구들, 부모의 양육태도보다 법의식에 더 큰 영향을 준다는 것으로 단순하게 이해되는 것은 위험할 것이다. 그보다는 비행청소년들의 경제적 수준이나 비행친구들, 부모의 양육태도 등은 법의식에 변화를 가져올 만큼 큰 차이가 없거나 혹은 그러한 요소들이 법의식에 직접적으로 변화를 가져오려면 상당한 수준의 차이가 있어야 하는 반면 법교육은 보다 효과적으로 법의식의 향상을 가져올 수 있다고 해석되어야 한다. 즉, 비행청소년의 법의식을 향상시키기 위해 교우관계를 바꾸거나 부모의 양육태도를 바꾸는 것, 혹은 경제 여건을 개선시키는 것은 매우 어려우며 가능하다 해도 법의식을 바꿀 만큼 큰 변화를 만들어내기는 어렵다는 것이다. 기존의 청소년 비행 관련 대책들이 나름의 한계를 가질 수밖에 없었던 것도 바로 이런 문제에 기인한 것이다. 그러나 법교육은 법의식의 향상을 직접적인 목표로 상정하고 있으며 비행 청소년들의 환경의 변화보다 상대적으로 쉽게 시행할 수 있으므로 비행 예방과 억제에 효과적인 수단이라고 결론내릴 수 있다.

V. 결 론

1. 요약 및 논의

1) 연구결과와 해석

본 연구는 법교육이 비행청소년의 법의식에 미치는 영향을 확인하기 위한 실험연구이다. 이를 위해 먼저 법의식 개념을 사회심리학에서의 태도 개념을 적용하여 인지적, 정서적, 행동적 영역으로 재정의하였다. 그리고 기존의 청소년 비행 관련 선행연구들을 검토하여 비행행동에 영향을 주는 위험요인, 보호요인, 재활요인 등을 확인하였다. 이들을 종합하여 법의식의 각 영역에서 비행행동과 관련된 비행억제요인들을 추출하였다. 그 결과, 본 연구에서 변화를 확인하고자 하는 법의식 요소로 인지적, 정서적, 행동적 영역에서 법에 대한 지식, 법의 필요성 인식, 자아존중의식, 법에 대한 친근감, 법에 대한 신뢰감, 준법에 호의적인 태도, 법 사용의사, 법적 효능감 등 여덟 개의 종속변인을 선정했다. 또한 선행연구에 대한 검토를 통해 이러한 각 법의식 요소에 영향을 줄 수 있는 독립변인으로 주관적 경제수준 인식, 연령, 비행친구 유무, 부모의 양육태도와 함께 법교육 수업 여부를 선정하였다. 연구대상으로는 안양소년원에 재원 중인 7호 처분 비행청소년 40명을 선정하였으며, 이들을 무선할당을 통해 각각 20명의 실험집단과 통제집단으로 구성했다.

실험처치인 법교육 수업을 시작하기 전에 두 집단 간에 사전적 차이가 있는지를 확인하기 위해 독립변인과 종속변인에 대한 사전검사를 실시했다. 사전검사 결과, 독립변인에서는 두 집단 간에 통계적으로 유의미한 차이가 없었으나 종속변인 중 법의 필요성 인식, 법에 대한 친근감, 준법에 호의적인 태도, 법적 효능감 등에서 차이가 나타났다. 전반적으로 실험집단 청소년들이 통제집단보다 부정적인 법의식을 지니고 있었으며 이러한 차이는 소년원 교사들에 대한 면담을 통해서도 확인되었다. 따라서 두 집단 간의 사전적 차이를 공변량으로 처리하여 사후검사에 반영하였다.

약 6개월간의 법교육 수업을 실시한 후 법의식의 변화를 확인하기 위해 사후검사를 실시하여 t-test 방법을 사용하여 분석하였다. 그 결과 종속변인 모든 항목에서 실험집단 청소년들의 법의식이 통제집단 청소년들보다 통계적으로 유의미하게 향상된 것으로 나타났다. 법의식의 인지적 영역에서는 법교육 수업을 받은 청소년들이 수업을 받지 않은 청소년들에 비해 법지식과 법의 필요성 인식에서는 $p < .001$ 수준에서, 자아존중의식은 $p < .05$ 수준에서 통계적으로 의미 있는 차이를 보이며 법의식이 향상되었다. 특히 통제집단 청소년들의 경우 사전검사 결과와 비교해 볼 때 법지식은 약간 더 증가했으나 법의 필요성 인식이나 자아존중의식은 오히려 더 감소한 것으로 나타났다. 이는 현행 교정교육에서 법의 필요성이나 자아존중의식을 강화하기 위한 교육이 필요하다는 것을 보여주는 결과이다.

법의식의 정서적 영역에서도 법교육 수업을 받은 실험집단 청소년들은 통제집단 청소년들에 비해 법에 대한 친근감, 신뢰감, 준법에 호의적인 태도 모두 통계적으로 유의미한 차이를 보이며 향상된 것으로 나타났다. 통제집단 청소년들은 사전검사 결과와 비교해 볼 때 법에 대한 신뢰감은 약간 증가하였으나 법에 대한 친근감이나 준법에 호의적인 태도 모두 감소하여 정서적으로 불일치된 상태를 보였다. 즉, 법에 따르려 하나 법 자체에 대한 친밀감이나 법을 지키는 것이 좋다는 식의 판단은 내리지 않는 권위적 복종의 경향을 보이게 되는 것이다.

법의식의 행동적 영역에서 실험집단의 청소년들은 법 사용의사, 법적 효능감 모두 통제집단 청소년들에 비해 향상된 것으로 나타났다. 즉, 법에 대해 좀 더 적극적인 행동의지를 갖게 된 것이다. 이에 비해 통제집단 청소년들은 사전검사 결과와 비교해 볼 때 법 사용의사는 약간 증가하였으나 법적 효능감은 감소되었다. 즉, 법적 절차에 참여하고자 하는 의지는 조금 더 강해졌으나 실제로 법적 절차를 익히고 자신의 능력을 확인해 볼 기회를 갖지 못해서 자신감을 잃어가고 있는 것으로 볼 수 있다.

이러한 법의식 변화를 가장 잘 설명할 수 있는 독립변인을 확인하기 위해 관련된 변인을 일괄 투입하여 다중회귀분석을 실시하였다. 그 결과 법교육 수업을 받았는지 여부가 모든 종속변인에 가장 큰 영향을 주는 것으로 나타났다. 즉, 법교육 수업을 받았을 경우 법지식이 증가하고 법의 필요성과 중요성을 강하게 인식하며 자아존중의식이 높아지고, 법에 대한 친근감과 신뢰감, 준법에 호의적인 태도가 강화되고 법을 사용할 의사나 자신의 사용능력에 대한 자신감이 높아지는 경향이 있는 것으로 확인되었다. 상대적으로 다른 독립변인들의 영향은 작은 편이었다. 연령 변인은 법에 대한 신뢰감, 준법에 호의적인 태도 등에 영향을 주었으며 통계적으로 유의미한 차이는 아니었으나 다른 종속변인들에도 상대적으로 큰 영향을 주는 것으로 나타났다. 조사결과에 따르면 연령이 높아질수록 신뢰감과 준법에 호의적인 태도가 감소하는 것으로 나타나, 청소년들의 연령이 증가할수록 법의식이 부정적으로 변화하여 비행경향성이 증가한다는 기존의 연구결과를 뒷받침했다. 또한 부모의 양육태도도 통계적으로 유의미한 차이는 아니었으나 법에 대한 친근감이나 준법에 호의적인 태도 등 주로 법의식의 정서적인 측면에 영향을 주는 것으로 나타났다.

이상과 같은 연구결과는 다음과 같이 해석될 수 있다.

첫째, 법교육 수업은 여자비행청소년의 법의식에 긍정적인 영향을 주었다. 법교육 수업 전에는 통제집단에 비해 오히려 더 부정적인 법의식을 가지고 있던 청소년들이 6개월간의 법교육 수업을 받고 난 후 법의식의 인지적, 정서적, 행동적 영역에서 모두 통제집단보다 크게 긍정적인 변화가 나타났으며 법교육 수업이 이러한 변화에 가장 큰 영향을 준 것으로 확인되었다.

둘째, 법교육 수업을 받지 않고 일반적인 교정교육을 받은 청소년들은 법의식의 일부 항목에서 소폭이지만 오히려 부정적인 방향으로 변화하는 경향을 보였다. 이는 소년원에 있는 기간 동안 외부의 사람들이나 제도를 접하고 배울 기회가 적기 때문에 법과 규칙의 필요성이나 자신의 법적 능력에 대한 자신감 등이 감소하고 법을 더욱 멀고 어려운 존재로만 여기게 되는 것으로 볼 수 있다.

셋째, 연령이 높아질수록 법의식이 부정적으로 변화한다는 기존 연구들의 결과가 다시 한번 확인되었다. 사회화가 충분히 이루어지지 않은 어린 나이에는 상대적으로 긍정적인 법의식을 지니고 있다가 정작 사회구성원으로서 책임과 역할이 주어지기 시작하는 시기엔 오히려 법을 부정적으로 생각하고 멀리하려 한다는 것은 커다란 사회적 문제라고 할 수 있다. 또한 이 결과는 연령이 높을수록 법교육에 의해 법의식이 긍정적으로 변화할 가능성이 낮아진다는 것을 의미하기도 한다.

이와 같은 연구결과를 종합하여 다음과 같은 결론을 도출할 수 있다.

첫째, 법교육은 여자비행청소년의 법의식을 향상시키기 위한 효과적인 수단이 될 수 있다. 연구결과에서 확인할 수 있는 바와 같이 법교육 수업을 받은 청소년들은 법의식의 인지적, 정서적, 행동적 영역 모두에서 긍정적인 변화를 보였다. 이러한 변화를 통해 비행행동을 억제하는 법의식 요소가 강화될 것으로 기대된다.

둘째, 법교육은 기존에 시도되어 오던 비행청소년들에 대한 여러 해결책들보다 효과적이고 실질적인 대안이 될 수 있다. 선행연구들에서 비행청소년들의 경제수준인식이나 비행친구, 부모의 양육태도 등이 모두 일정부분 비행에 영향을 주는 것으로 밝혀졌으며 이러한 부분에 대한 개선에 초점을 맞추는 다양한 청소년 비행 대책들이 있었다. 그러나 이러한 요소들은 쉽게 바뀌거나 개선되기 어려우며 일정부분 개선이 가능하다 해도 그것이 비행청소년들의 법의식 변화에까지 영향을 줄 만큼 크게 바뀔 수 있을 것인지 의문의 여지가 있다. 이에 비해 법교육은 보다 직접적이고 효과적으로 법의식을 향상시킬 수 있는 것으로 확인되었다. 따라서 비행예방과 비행행동 치료를 위한 수단으로 법교육을 적극적으로 활용할 필요가 있다.

셋째, 법교육 수업을 받지 않은 청소년들의 경우 일부 법의식 요소가 오히려 부정적으로 변화했다는 것은 소년원 청소년들 및 보호시설 수용자들에게 법교육이 강화될 필요성을 시사하는 것이다. 사회로부터 격리된 보호시설의 특성상 사회일반의 규칙이나 자신의 참여능력에 대해 부정적인 태도를 갖게 될 가능성이 높아지므로 내적 통제요소로서 사회적 유대를 유지, 강화하기 위해 법교육이 지속적으로 이루어지는 것이 필요하다.

넷째, 비행청소년의 법의식은 나이가 들수록 부정적으로 바뀌어갈 뿐 아니라 법교육 수업에 의해서도 쉽게 바뀌지 않는다. 이는 기존의 연구들과도 일치하는 결과이며 사실상 사회구성원들에 대한 사회화가 실패하고 있다는 중요한 의미를 갖는다. 따라서 부정적인 법의식이 확립되기 전에, 어린 나이에서부터 적극적으로 법교육이 이루어질 필요가 있다.

2) 이론적 함의

본 연구는 청소년 비행문제에 대한 근본적인 차원에서의 접근이 필요하다는 문제의식에서 시작되었다. 지금까지 청소년 비행의 원인과 해결책에 대한 다양한 이론들이 논의되었으나 일관성과 체계성이 부족하여 비행행동을 억제하기 위해 어떤 접근방식과 교육이 필요한지 분명한 대안을 제시하지 못했다. 특히 시민교육의 차원에서 어떠한 교육이 청소년 비행에 효과적인 대안이 될 수 있을지 확인하기 위해서는 현상적으로 개별적인 비행행동을 완화시키려는 접근보다는 다양한 비행행동들의 원인이 되는 것이 무엇인지 밝힐 필요가 있다.

본 연구에서는 청소년 비행과 관련된 심리적 요소로 '법의식'의 문제에 주목했다. 즉, 청소년들이 사회규범에 대한 건전한 태도를 기르지 못한 것이 청소년 비행의 주된 원인 중 하나라는 것이다. 따라서 법교육을 통해 법의식을 강화할 수 있다면 법교육이 청소년 비행에 대한 효과적인 교육방식이라고 말할 수 있을 것이다.

이를 위해 본 논문에서는 몇 가지 단계를 통해 이론적인 논의를 전개했다.

첫 번째 단계로 청소년 비행과 관련된 요인들에는 어떤 것들이 있는지 확인했다. 청소년 비행의 원인에 관한 이론들은 크게 개인중심이론과 사회중심이론으로 나눌 수 있다. 최근에 이들의 종합으로서 위험요인, 보호요인, 재활요인에 관한 연구들이 등장하였다. 이러한 연구들은 개인적 요인들과 사회적 요인들을 모두 포괄하고 있으며, 직접적으로 비행에 영향을 주는 요인들을 확인할 수 있다는 장점을 가지고 있다. 본 연구에서는 이러한 위험요인, 보호요인, 재활요인들을 중심으로 법의식에 관한 논의들을 발전시켰다.

다음으로 법교육과 법의식의 개념을 확인했다. 특히 법의식의 경우 개념이 모호하고 구성요소가 불분명하다는 문제점을 가지고 있었다. 따라서 사회심리학의 '태도' 개념을 적용하여 법의식을 인지적, 정서적, 행동적 영역으로 재정의하였다. 또한 태도의 형성과 발전을 위한 이론들을 살펴 효과적인 법교육을 위한 방법들을 확인하였다.

마지막으로 법의식의 각 영역에서 청소년 비행의 위험요인, 보호요인, 재활요인들과 관련된 여덟 가지의 '비행억제요인'들을 추출하였다. 인지적 영역에서는 법적 지식, 법의 필요성 인식, 자아존중의식 등이,

정서적 영역에서는 법에 대한 친밀감, 신뢰감, 비행에 우호적인 태도 등이, 행동적 영역에서는 법 사용의사와 법적 효능감 등이 추출되었다. 법교육을 실시한 결과 이상의 여덟 가지 요인들이 긍정적으로 변화하였다면 비행행동이 감소할 것으로 예상되므로 법교육이 청소년 비행에 대한 효과적인 교육방식임을 확인할 수 있을 것이다.

이러한 논의는 이론적 차원에서 다음과 같은 의의를 지닌다.

첫째, 법의식의 개념을 체계화하였다. 다양한 법 관련 연구와 법교육 프로그램들에서 법의식 개념은 명확한 정의가 내려지지 않은 상태에서 사용되어 왔다. 그 결과 법의식 개념은 연구마다 서로 다른 의미로 사용되는 경우가 많았다. 본 연구에서 제안된 태도 개념을 적용한 법의식은 이러한 연구들에 방향과 기준을 제시할 수 있을 것이다.

둘째, 청소년 비행과 관련된 법의식 요소들을 확인하였다. 법의식은 매우 포괄적인 개념이므로 대상과 목적에 따라 각기 다른 요소들이 추출될 수 있다. 본 연구에서는 청소년 비행에 관한 선행연구들의 종합을 통해 청소년 비행과 관련된 법의식 요소들을 추출하였다.

셋째, 태도 개념에 관한 선행연구들을 통해 법교육의 교육방식에 방향성을 제시하였다. 이제까지 법교육에 관한 프로그램들은 법을 교육내용으로 한다는 최소한의 공통점을 제외하고는 어떤 방식을 택해야 할지 뚜렷한 지향을 갖지 못해왔다. 법교육의 목표는 건전한 법의식의 함양이라고 할 수 있다. 본 연구에서는 법의식의 개념을 태도 개념을 통해 재정의했다. 따라서 태도의 형성과 발전에 관한 사회심리학 영역에서의 풍부한 선행연구들 역시 법의식의 형성을 위한 법교육에 효과적으로 활용될 수 있을 것이다.

3) 실천적 함의

이와 같은 연구결과는 다음과 같은 실천적 함의를 갖는다.

첫째, 청소년 비행에 대한 예방 및 교정교육 수단으로 법교육이 적극적으로 활용되어야 한다. 이제까지 소년원이나 분류심사원 등의 교정기관 혹은 학교현장에서는 비행예방을 위한 교육으로 상담이나 미술치료, 음악치료 등 심리적 기법들이 많이 사용되었다. 법교육은 좀 더 직접적인 방식으로 청소년들의 비행억제요인들을 강화시킬 수 있으므로 심리적 기법들과 함께 사용될 경우 비행예방 효과를 높일 수 있을 것으로 기대된다.

둘째, 이러한 법교육은 되도록 어린 나이에 시작될 필요가 있다. 본 연구에서 밝혀진 바에 따르면 비행청소년들의 법의식 변화에 법교육 여부 다음으로 큰 영향을 준 것이 연령 요인이었다. 즉, 연령이 어릴수록 법의식이 긍정적인 방향으로 더 크게 변화하였으나 연령이 높아질수록 변화의 폭이 좁아지는 것으로 나타난 것이다. 따라서 법이라는 구체적인 내용요소를 굳이 도입하지 않더라도 규범교육 등의 형태로 가능한 한 어린 나이에서부터 체계적인 법교육이 이루어진다면 건전한 법의식의 형성에 높은 효과를 거둘 수 있을 것으로 예상된다.

셋째, 법교육 프로그램의 목표로서 법의식 개념이 활용될 필요가 있다. 다양하게 존재하고 있는 법교육 프로그램들은 일관된 목표나 방향이 부재하여 법을 교육내용으로 다룬다는 최소한의 공통점을 제외하고는 매우 상이한 접근을 보여 왔다. 본 연구에서 제안된 태도 개념을 적용한 법의식 개념이 보다 정교하게 활용된다면 법교육 프로그램의 계획 및 효과에 대한 평가가 효율적으로 이루어질 수 있을 것이다.

넷째, 법의식 개념의 정교화는 또한 법교육 분야에서의 학술적 연구를 보다 활성화시키는 데도 일조할 수 있을 것이다. 이제까지 법교육

분야에서 학술적 연구, 특히 경험적 연구가 적었던 것은 각 변인에 따른 결과의 차이를 비교할 만한 기준이 제대로 세워져 있지 않았던 것이 장애요소로 작용했기 때문이었다. 인지적, 정서적, 행동적 영역으로 구분되어 세부 요소들이 제시된 법의식 개념은 이러한 장애를 극복하는 데 일정부분 도움을 줄 수 있을 것으로 기대된다.

다섯째, 법교육의 교육방식에서 태도와 설득에 관한 사회심리학 영역의 연구 성과들을 활용하는 것이 고려되어야 한다. 사회심리학에서는 태도의 구성요소, 변화의 원인과 조건, 한계 등에 대해 이미 많은 연구가 이루어져 있다. 법교육의 목표로서 태도 개념을 적용한 법의식 개념을 설정한다면, 태도를 변화시키고 혹은 유지하는 데 효과적인 것으로 알려져 있는 태도와 설득에 관한 다양한 연구 성과들이 법교육의 방법으로 폭넓게 활용될 수 있을 것이다.

2. 제 언

본 연구는 주로 프로그램 평가 차원에서 이루어져 온 법교육의 효과를 관련 변인을 엄밀하게 통제한 실험 상황에서 확인하고자 하였다. 이를 위해 먼저 법교육의 효과를 재기 위한 척도로 기존에 사용되어 온 법의식 개념 대신, 사회심리학적 태도 개념을 적용하여 법의식 개념을 재정의하였다. 또한 선행연구들에 대한 검토를 통해 이 각각의 법의식 요소 가운데 청소년 비행예방과 억제의 효과를 갖는 비행억제 요인들을 추출하고 법교육이 이러한 비행억제요인들에 영향을 미칠 가능성과 효과적인 교육방식을 확인하였다.

소년원에 있는 여자비행청소년 각 20명을 실험집단과 통제집단으로 설정하고 약 6개월간에 걸쳐 매주 법교육 수업을 실시한 후 사전검사와 사후검사를 통해 법의식의 변화를 확인하였다. 그 결과 법교육 수업을 받은 실험집단 청소년들은 통제집단 청소년들보다 전반적으로 법의식이 향상되었으며 이러한 변화에 여러 독립변수들 중 법교육 수업이 가장 큰 영향을 준 것으로 나타났다. 따라서 법교육은 비행청소년의 법의식을 긍정적으로 변화시키는 데 효과적인 수단이 될 수 있으며 이를 통해 비행행동을 예방하고 억제하는 데 기여할 수 있을 것으로 기대된다.

그러나 법교육의 효과를 좀 더 정밀하게 확인하고 적절한 수업방식과 평가방식을 찾기 위해서는 본 연구결과를 바탕으로 더 많은 추가적인 연구들이 이루어져야 한다. 따라서 후속 연구를 위해 다음의 몇 가지 내용들을 제언하고자 한다.

첫째, 법교육 수업의 효과와 관련된 변수들이 좀 더 정밀하게 측정될 필요가 있다. 본 연구에서는 법교육 수업이 대부분의 법의식 요소들에 긍정적인 영향을 미친 것으로 나타났다. 그러나 구체적으로 법교육 수업의 어떤 요소가 이런 변화에 기여했는지 확인하기 어려웠다. 예를 들어 법교육의 기간이 더 길어지거나 짧아지면 어떤 영향이 있을지, 소년원 상황이 아닌 다른 교육상황에서는 어떤 차이가 나타날 것인지, 남자 비행청소년이나 남녀 혼합된 상황의 법교육에서는 어떤 변화가 있을지 등 본 연구에서는 통제되었으나 법교육에 영향을 줄 것으로 예상되는 변수들에 대한 다각적인 접근이 필요하다.

둘째, 법교육의 방법론에 대한 세분화된 접근이 필요하다. 본 연구에서는 다양한 법교육 방법을 포괄적으로 사용하여 법교육의 효과를 측정하였다. 그러나 보다 효과적인 법교육 방법을 확인하기 위해 각각의 법교육 방법이 어떠한 차이를 보이는지 독립적으로 연구될 필요가 있다. 특히 각 방법들이 수업 대상에 따라 어떤 효과나 문제점을 지니는지 확인할 수 있다면 학교현장에서 법교육 수업을 계획하는 데 많은 도움을 줄 수 있을 것이다.

셋째, 법의식이 실제로 행동으로 이어지는 과정에 대한 장기적인 종단연구가 필요하다. 본 연구는 법교육이 법의식을 어떻게 변화시키는가를 다루었다. 그러나 법의식의 변화는 그대로 행동으로 이어지는 것이 아니며 행동에 이르는 과정에서 다양한 개인적, 환경적 변수들이 개입되게 된다. 따라서 법의식에서 차이를 보인 각 청소년들이 실제로 비행행동에서도 차이를 보이는지 장기적인 추적 조사를 통해 종단적인 연구가 이루어져야 한다. 또한 이렇게 법의식에서 행동에 이르는 과정에 개입되는 변수들에 대한 연구도 함께 이루어진다면 법교육의 효과를 높이기 위한 제반 여건에 대한 이해를 높일 수 있을 것이다.

넷째, 태도 개념을 적용하여 재정의된 법의식의 요소가 좀 더 세분화되고 풍부하게 다루어질 필요가 있다. 본 연구에서는 다양한 법의식의 요소 가운데 청소년 비행과 관련된 요소만을 제한적으로 다루었다. 그러나 법의식은 보다 다양하고 풍부한 요소들로 구성되어 있다. 따라서 각 영역에 어떤 법의식 요소들이 존재하고 있으며 각 요소들 간의 관계는 어떠한지 정밀하게 밝혀내는 연구들이 이어진다면 법의식에 대한 이해를 확장하고 법교육 프로그램을 과학화하는 계기를 마련할 수 있을 것이다.

법교육은 공동체의 민주적 질서를 유지하기 위한 법치주의 원칙에 기반을 제공한다는 점에서 시민교육의 핵심적 요소를 구성한다. 따라서 사회의 발전에 따라 법교육에 대한 요구는 점점 더 높아질 것으로 예상된다. 그러나 아직까지는 법을 내용으로 한다는 최소한의 공통점을 제외하고는 발전 방향에 대한 모색이나 평가기준, 효과에 대한 고려가 충분히 이루어지지 않은 상태에서 산발적으로 법교육이 이루어져 온 경향이 있었다. 본 연구는 법의식 개념을 통해 법교육의 목표와 방향을 정립하고 법교육의 효과를 경험적으로 증명하기 위한 시도이다.

청소년 비행문제도 시민교육으로서 법교육이 감당해야 할 책임 중

하나이다. 사회의 거친 흐름을 이기지 못하고 비행과 범죄에 몸을 맡기는 청소년들이 점점 더 늘어나고 있다. 학교폭력, 흡연, 음주, 절도 등 각 비행행동에 개별적이고 현상적인 방법으로 접근하는 것에서 벗어나 좀 더 상류로 거슬러 올라가 이러한 현상들의 원인이 무엇인지를 살펴볼 때가 된 것이다. 본 논문에서는 청소년 비행이라는 강물의 상류에서 '법의식'의 문제를 발견했다. '법의식'의 문제가 청소년 비행의 근본적 원인 중 하나이며 이를 해결하기 위해 '법교육'이 효과적인 방안이 될 수 있다는 것을 확인한 것이다. 상류에 과연 무엇이 있는지, 그것을 막기 위해 우리는 어떤 둑을 쌓고 무엇과 싸워야 할지 더 많은 연구와 논의들이 이어지기를 기대한다.

참고문헌

강구진(1983). "재소자의 법의식에 관한 조사연구", 『서울대학교 법학』 Vol.24 No.4, pp.78-89

강윤정(1991). "법의식 발달에 관한 연구", 서울대학교 석사학위논문

곽한영(2004). "촛불시위 참여가 청소년들의 정치의식에 미친 영향에 관한 연구-효능감, 참여의무감, 관심도를 중심으로", 서울대학교 석사학위논문

곽한영(2005). "법과 사회교과서에 대한 고등학생들의 인식 조사", 『시민교육연구』 제37권 제3호, 한국사회과교육학회

김경희(1998). "비행청소년의 사회적 문제해결 능력과 사회적 지지와의 관계-서울보호관찰소를 중심으로", 가톨릭대학교 사회복지학과 석사학위논문

김보환(1992). "소년 형사 사법절차상의 문제점에 대한 고찰: 경찰의 전환처분을 중심으로", 『치안논총』 제9호, 경찰대학 치안연구소, pp.163-199

김영인(2002). "정치참여의 시민교육효과에 관한 연구-법의식, 관용, 효능감 형성에 미치는 효과를 중심으로", 서울대학교 박사학위논문

김영천(1997). "국민준법의식 함양을 위한 교육모형", 『사회와 교육』, Vol.25, 한국사회과교육학회, pp.59-73

김원기(2002). "한국인의 법의식과 준법운동의 방향", 『법학연구』 Vol.23, 전북대학교 법학연구소, pp.19-33

김준호(1990). "청소년 비행의 원인에 관한 연구", 『형사정책연구』, 한국형사정책연구원

김준호(1995). "여자청소년 비행에 대한 연구", 『덕성여자대학교 사회과학연구』 제1권, pp.153-177

김준호(1996). "법의식과 청소년 비행 간의 관계에 대한 연구", 『덕성여자대학교 사회과학연구』 제4권, pp.61-87

김준호, 이동원(1996). "한국의 청소년 비행척도 개발에 관한 연구", 『형사정책연구』,

한국형사정책연구원

김태한(2005). "중학교 사회과 법 영역에 대한 문제중심학습 적용에 대한 연구", 서울대학교 석사학위논문

남상철, 신연희(2004). "여성노인의 빈곤과 범죄문제에 관한 연구: 법의식을 중심으로", 『교정연구』 Vol.24, 한국교정학회, pp.7-38

모경환·이미리·이해주(2006). 『청소년 문제론』, 서울: 한국방송통신대학교출판부

문용린(1991). "법의식에 대한 발달심리학적 접근", 『민주문화논총』, 제11집

문용린, 조영달(1994). 『청소년의 도덕성, 법의식 발달, 비행경향성 및 법교육 실태에 관한 연구』, 한국형사정책연구원

박상기, 손동권, 이순래(2001). 『형사정책』(제5판), 한국형사정책연구원

박성혁(1992). "초중고생의 법태도 발달과 법교육 개선에 관한 연구", 서울대학교 석사학위논문

박성혁(1993). "법교육 목표로서의 법적 관용성 발달에 관한 연구", 『사회와 교육』, 제17집, 한국사회과교육학회. pp.69-82

박성혁(1994). "학생들의 법사회화 과정에 관한 기초 이론의 재검토", 『사회와 교육』, Vol.19, 한국사회과교육학회, pp.211-224

박성혁(1995). "학생들의 질서의식 형성에 관한 연구: 관습적 규칙을 중심으로", 『사회와 교육』, Vol.21, 한국사회과교육학회 pp.155-178

박성혁(1996). "한국 사회의 규범문화적 전통과 시민사회의 발전", 『사회와 교육』, Vol.23, 한국사회과교육학회 pp.203-214

박성혁(2005). 『초·중등 법교육 교육과정 및 교과서 분석·개발 연구』, 법무부

박시종(2002). 『비행청소년의 사회복귀 실태조사』, 서울: 자녀안심운동 서울협의회

법무부(2005). 『미국·일본 법교육 현황 조사 자료집』

보건복지부(2006). 『2006 아동백서』

서울분류심사원(2003). 『MMPI를 통해 살펴본 비행청소년의 성격 특성 연구』, 법무부 현장연구

서울분류심사원(2005). 『소년사법제도에 대한 이해』, 보호자교육자료집

서울소년원(1999). 『특수인성검사 연구』, 법무부 지정 업무연구 보고서

서울소년원(2005). 『특수인성검사 재표준화 연구』, 법무부 지정 업무연구 보고서

송광섭(2003). "청소년 비행 관련법규의 현재와 미래", 『형사정책』제15권 2호, 한국형사정책학회, pp.193-223

신동열(2000), "청소년 비행예방과 실태에 관한 연구", Logos Christan대학 박사학

위논문

양　건(1986).『법사회학』, 서울: 민음사

양　건(2005). "법학 변화 속의 사회 공학",『스무 살에 선택하는 학문의 길: 대학에서 우리가 배워야 할 것들 』, 서울: 아카넷

양종국(2005). "소년보호교육기관의 특수인성검사",『형사정책』제18권 1호, 한국형사정책학회

양종국, 지용근(2002). "비행청소년의 개인배경변인 및 위험요인·보호요인과 재비행간의 관계",『한국의 청소년문화』제3호, 한국청소년문화학회, pp.349-381

이광자, 임신자, 전신현(2002).『현대 사회심리학』, 서울: 아세아문화사

이기우(1995). "법의 실효성과 법교육",『사회와 교육』, Vol.21, 한국사회과교육학회, pp.42-55

이봉건(2005).『의식심리학』, 서울: 학지사

이성식(1999). "가부장적 가정과 청소년범죄의 성차이",『형사정책』, Vol.11 pp.207-235

이성식(1999). "청소년범죄에 있어 긴장과 통제",『한국공안행정학회보』제8집, 한국공안행정학회, pp.191-214

이성식(2000). "청소년범죄의 동기로서 재미와 스릴",『한국공안행정학회보』, Vol.9, pp.53-80

이수성(1984). "한국 청소년의 법의식에 관한 사회학적 조사연구",『서울대학교 법학』, 제25권 2·3호

이수화(2005). "사회과 법교육에 있어서 사례연구법의 효과 연구", 서울대학교 석사학위논문

이승종 외(1992).『사회과 교육에서의 법교육, 사회교육 연구-이론과 실제』, 교육과학사

이창재(1997).『시사법률』4월호, 서울: 시사법률사

이철희(2002). "판례(사례) 중심 법교육이 고급 사고력 신장에 미치는 효과에 대한 연구", 서울대학교 박사학위논문

임희섭(1974). "한국인의 법의식에 관한 사회학적 연구",『서울대학교 법학』, 15권 1호, pp.33-81

임희섭(1994).『한국의 사회변동과 가치관』, 서울: 나남출판

전쌍식(1999). "청소년 중비행 원인에 관한 연구", 서울대학교 석사학위논문

정은경(1998). "학교교육 환경요인이 청소년 비행에 미치는 영향에 대한 연구", 성균관대학교 석사학위논문

조영달(1998). "교과 교실수업연구의 학문동향과 학술연구 발전방향: 질적 연구를 중심으로", 『교육인류학연구』 1집, 교육인류학연구회

조영달(2005). 『제도공간의 질적연구방법론』, 서울: 교육과학사

청소년보호위원회(2000). "아동·청소년의 민법상 법률행위능력(계약능력, 파양결정능력 등)에 관한 심리학적 연구"

청소년부(1995). 『청소년백서』

청소년위원회(2005). 『청소년백서』

최영인, 염건령(2005). 『문화적 일탈이론과 범죄사회학습이론』, 서울: 백산출판사

최영인, 염건령(2005). 『현대여성학과 여성범죄이론』, 서울: 백산출판사

최윤진 외(1995). 『미국 법교육의 동향과 교육과정에 관한 연구』, 법무부

통계청(2006). 『2005 청소년 통계』

한상철 외(1997). 『청소년 심리학』, 서울: 양서원

허태균, 황재원, 김재신(2005). "바늘도둑이 소도둑 된다: 준법의식의 약화에서 인지부조화의 역할", 『한국심리학회지: 사회문제』, 11권 1호, pp.25-42

홍성열(2004). 『사회심리학』, 서울: 시그마프레스

홍성열(2005). 『사회과학도를 위한 연구방법론』, 서울: 시그마프레스

ABA(2005). *Guidelines for Preparing Law-Related Education(LRE) Programs for At-Risk Students*, ABA annual report 2005

Agnew, R.(1992). Foundation for a General Strain Theory of Crime and Delinquency, *Criminology*, Vol.30, pp.47-87

Ajzen, I. and Fishbein, M.(1980). *Understanding attitudes and predicting social behaviour*. London: Prentice-Hall

Allport, G.(1954). The historical background of modern social psychology, In: Lindzey, G.(ed.), *Handbook of social psychology*, Vol.1: Theory and method, Reading, MA: Addison-Wesley.

Anderson, Margaret(1988). 『성의 사회학』, 이동원·김미숙(역), 이화여자대학교 출판부

Anthony, E. J.(1987). *The Invulnerable Child*, New York: Guilford Press

Arthur, M. W., Hawkins, J. D., Catalano, F. R., Pollard, J. A. & Howze, T. H.(1997). *Six state consortium for prevention needs assessments studies project; Final report submitted to the Kansas Department of Social and Rehabilitation Services,*

Alcohol and Drug Services. Seattle, WA: University of Washington, Social Development Research Group

Avery, P.(1990). *Exploring the Dimensions of Political Tolerance Among Adolescents*, National Law-Related Education Invitational Research Seminar

Bandura, A.(1997). 박영신, 김의철(역)(2001). 『자기 효능감과 삶의 질』, 서울: 교육과학사

Benard, E. J.(1987). Fostering resiliency in kids, *Educational Leadership*, November, pp.44-48

Brody, R.(1994). *Secondary Education and Political Attitudes: Examining the Effects of Political Tolerance on the We the People·····Curriculum*, Calabasas, CA: Center for Civic Education.

Buck, J. & Butts, J.(2002). *The OJJDP Evaluation of Teen Courts(ETC) Project*, Urban Institute Justice Policy Center

Butts, J. A., Buck, J., Coggeshall, M. B.(2002). *The Impact of Teen Court on Young Offenders*, urban institute research report, Washington, DC

Buzzelll, T.(1994). *An Evaluation of Teens, Crime and the Community in a Juvenile Diversion Setting*, Washington D.C.: National Crime Prevention Council.

Cain, M.(1990). Realist Philosophy and Standpoint Epistemologies or Feminist Criminology as a Successor Science, in Gelsthorpe, L. and Morris, A.(eds), *Feminst Perspectives in Criminology*, Buckingham: Open University Press

Carroll, J.(1992). *Report of Project LEGAL to National Diffusion Network*, Syracuse, NY: Syracuse University, The Maxwell School

Catalano, R. F. & Hawkins, J. D.(1995). The Social Development Model: A Theory of Antisocial Behaviour, In J. D. Hawkins(ed.) *Delinquency and Crime: Current Theories*, New York: Cambridge University Press, pp.149-197

Center for Action Research(1994). *Project PRINCE: Evaluation of Impact on Student*, Boulder, Co: University of Colorado, Center for Action Research.

Clawson, H. J. & Sheldon, S.(1998). *Teen Parents and the Law(TPAL) Program Outcome Evaluation Report, In Compendium of Research Supporting Law-Related Education Part II: Alternative Conceptions / Applications of Law-Related Education*, Boulder, CO: Social Science Education Consortium.

Cloward, R. & Ohlin, L.(1960). *Delinquency and Opportunity*, New York: Free Press

Cohen, S.(1985). *Visions of Social Control*, Cambridge: Polity Press

Cox, Sm M. & Conrad, J. J.(1991). *Juvenile Justice: A Guide to Practice and Theory*, (3rd Edition), Dubuque, Indiana: Wm. C. Publishers

Cornish, D. B. & Clarke, R. V.(1986). *The Reasoning Criminals: Rational Choice Perspective on Offending*, New York: Springer-Verlag

Elliot, D., Huizinga, D., and Ageton, S.(1985). *Explaining Delinquency and Drug Use*, Beverly Hills, Calif: Sage

Erwin, P.(2001). 고은경 역(2006). 『태도와 설득』, 서울: 시그마프레스

Finkel, S. E.(1987). The effects of Participation on Political efficacy and political support: evidence from a west german panel, *The Journal of Politics*, Vol.49 Issue 2(May), pp.441-464

Fishbein & Ajzen(1975). *Belief, Attitude, Intention and Behaviour*, Reading, MA: Addison-Wesley

Fox, J. W.(1997). *Law-related Education and Juvenile Justice-promoting citizenship among Juvenile offender*. Illinois: Charles C. Thomas Pub. Ltd.

Freud, S.(1982). 『정신분석입문』, 서울: 삼성출판사

Geise, J. R.(1997). *A Descriptive Review of LRE Research, In Compendium of Research Supporting Law-Related Education Part I: Law-Related Education as Practiced by the National Training and Dissemination Program / Youth for Justice*, Boulder, CO: Social Science Education Consortium.

Giordano, P.(1995). The Wider Circle of Friends in Adolescence, *American Journal of Sociology* Vol.101, pp.661-697

Gruenhagen, K. & Leslein, B.(1993). Using Law-Related Education as a Lifeline for Rural At-Risk Students, In D. Montgomery(ed.) *Rural America: Where All Innovations Begin*, Conference Proceedings.

Hawkins, D.(1992). Social Development Strategy: Building Protective Factors in Y Our Community, *Developmental Research and Programs*, Seattle

Hawkins, J. D., Herrenkohl, T. I, Farrington, D. P, Brewer, D., Catalano, R. F., Harachi, T. W., Cothern, L.(2000). *Predictors of Youth Violence*, Juvenile Justice Bulletin

Hirschi, T.(1969). *Causes of Delinquency*, Berkekley: University of California Press.

Hissong, R.(1991). Teen Court-Is It an Efffective Alternative to Traditional Sanctions?,

Journal for Juvenile Justice and Detention Services Vol.6 Fall, pp.14-23

Hoebel, E.(1954). *The Law of Primitive Man*, Harvard University Press.

Hunter, R.(1987). Law-Related education practice and delinquency theory, *International Journal of Social Education*, Vol.2, pp.52-64

Jacobson, M.(1979). *An Application of Guttman Facet Design to the Measurement of the Law =Related Attitudes of Selected Elementary, Junior High School, and Juvenile Offender Populations*, Doctoral Dissertation. Michigan State University

James, W.(1950). *The Principles of Psychology*, Vol.1, New York: Dover Publications

Jaynes, J.(1990). 김득룡, 박주용 역(2005). 『의식의 기원』, 서울: 한길사

Johnson, G.(1992). *Evaluation of Street Law Classes at Four American High Schools in Germany*, Boulder, CO: University of Colorado, Center for Action Research.

Smith, K. E. (2003). *Conditions and Legal Consciousness of Homeless Day Laborers in Tucson, Arizona*, Center for Applied Sociology, The University of Arizona Tucson

Katz, D.(1960). The functional approach to the study of attitudes, *Public Opinion Quarterly*, 24, pp.163-204

Krohn, M. D. and Massey, J. L.(1980). Social Control and Delinquent Behavior: An Examination of the Elements of the Social Bond, *Sociological Quarterly* Vol.21, pp.529-543

Laub, J. and Sampson, R.(1988). Unraveling Families and Delinquency; A Reanalysis of the Glueck's Data, *Criminology* Vol.26, pp.355-380

Liska, A. E. and Reed, M. D.(1985). Ties to Conventional Institutions and Delinquency: Estimating Reciprocal Effects, *American Sociological Review* Vol.50, pp.547-560

Loeber, R., & Stouthamer-Loeber, M.(1986). Family factors as correlates and predictors of juvenile conduct problems and delinquency, *Crime and Justice: A Review of Research* Vol.7, pp.29-149

Matsueda, R.(1982). Testing control theory and differential association: A causal modeling approach, *American Sociological Review*, Vol.47, pp.489-504

Miller, W.(1958). Lower-Class Culture as a Generating Milieu of Gang Delinquency,

Journal of Social Issues 14, pp.5-19

Morris, R.(1965). Attitudes Toward Delinquency by Delinquents, Nondelinquents and Their Friends, *British Journal of Criminology*, Vol.5, pp.254-265

National Law-Related Education Evaluation Project (NLREEP) (1984). *Law-Related Education Project Final Report, Phase II, Year 3*, Boulder: University of Colorado, Center for Action Research and the Social Science Education Consortium.

Poe-Yamagata, E. & Butts, Jeffrey A.(1996), *Female Offenders in the Juvenile Justice System: Statistics Summary*, National Center for Juvenile Justice, Pittsburgh: PA

Pollard, J., Catalano, R. F., Hawkins, J. D. & Arthur, M.(1997). Development of a school-based survey measuring risk and protective of substance abuse in adolescent populations, *Journal of School Health* Vol.60, pp.64-105

Rankin, J. and Wells, L. E.(1990). The Effect of Parental Attachment and Direct Controls on Delinquency, *Jounal of Research in Crime and Delinquency* Vol.27, pp.140-165

Rehbinder, M.(1984). 최종고 외(역), 『법사회학』, 서울: 법문사

Sharpe, E. G.(2001). *Epidemiology of gangs, Level of association of risk factors membership*, Doctoral dissertation, Walden University

Shaver, J.(1984). *The Law-Related Education Evaluation Project: A Methodological Critique of the "Impacts on Students" Findings*, Rocky Mountain Regional Social Studies Conference, April.

Shin Dong Yul(2000). *A Study on Actual Conditions and Its Prevention of Juvenile Deliquency: Based on Christian Prevention*, Logos Christioan College & Graduate Schools, Thesis for a Degree(Ph.D)

Siegel, Larry J. and Welsh, Brandon C.(2003). *Juvenile Delinquency: The Core(5th ed.)*. Belmont, CA: Thomson

Social Science Education Consortium(1998). *Final Evaluation Report: Violence Prevention Outcomes in Civic Education, In Compendium of Research Supporting Law-Related Education, Part II: Alternative Conceptions / Applications of Law-Related Education*, Boulder, CO: Social Science Education Consortium.

Susan S. Silbey(2005), After Legal Consciousness, *Annual Review of Law and Social Science* Vol.1, Department of Anthropology, Massachusetts Institute of Technology, Cambridge, Massachusetts, pp.323-368

Sykes G. M. & Matza, D.(1957). Technique of Neutralization: A Theory of Delinquency, *American Sociological Review*, Vol.22

Tapp, J. L. & Levine, F.(1977). *Law, Justice and the Individual in Society*, New York: Holt Rinehart & Winston.

Tarling, P.(1993). *Analysing Offending: Data, Models, Interpretations*, London: HMSO

Thomas, W. I. and Znaniecki, F.(1918). *The Polish peasant in Europe and America*, Boston: Badger

Thurstone, L. L.(1931). The measurement of social attitudes. *Journal of Abnormal Social Psychology*, Vol.26, pp.249-269

White, H. R., Padina, R. and LaGrange, R.(1987). Longgitudinal Predictors of Seriousness Substance Use and Delinquency, *Criminology* Vol.6, pp.715-740

Wiatrowski, M. D., Griswold, D. and Roberts, M.(1981). Social Control Theory and Delinquency, *American Sociological Review* Vol.46, pp.525-541

Williamson, D., Minor, K. I., Fox, J. W.(1997), *Law-Related Education and Juvenile Justice: Promoting Citizenship Among Juvenile Offenders*, C.C Thomas Publisher: Springfield

Wills, T. A., Vaccaro, D., McNamara, G. and Hirky, A. E.(1996). Escalated Substance Use; A Longitudinal Grouping Analysis from Early to Middle Adolescence, *Journal of Abnormal Psychology* Vol.105, pp.166-180

Wright, Norma D. (1996). *From Risk To Resiliency: The Role of Law-Related Education*, Center for Civic Education, Calabasas, CA.

법의식 검사용 설문지

(사전, 사후)

안녕하세요. 저는 서울대학교 대학원에서 법교육에 대해 연구하고 있는 곽한영이라고 합니다. 설문에 응해주셔서 감사합니다.

본 질문지는 학생 여러분 전체의 법의식 수준을 알아보기 위한 것입니다. 개개인에 관한 정보를 모으는 것이 아니며 전체 학생들의 생각만을 알아보려는 것입니다. 또한 순수한 연구목적 이외엔 다른 어떤 용도로도 사용되지 않으며 여러분의 개인정보나 답한 내용은 모두 철저하게 비밀이 보장됩니다. 편안한 마음으로 자신의 생각을 솔직하게 답해주시길 부탁드립니다. 시간제한은 없으므로 천천히 작성하셔도 됩니다.

1. 다음 각 문항에 대해 자신이 느끼는 대로 응답지에 ○표 해주세요.

번호	문항내용	매우 그렇다	그렇다	그렇지 않다	전혀 그렇지 않다
1	법은 복잡하고 까다롭다.				
2	나도 법적 절차를 이용할 수 있다.				
3	법은 남자든 여자든, 가난하든 부자든, 권력이 있든 없든 누구에게나 공평하다.				
4	법은 보통 사람들이 이해하기엔 어렵다.				
5	내가 법을 만들고 바꿀 수 있으므로 내가 법의 주인이다.				
6	법으로 재판을 해도 억울한 사람이 처벌받는 경우가 많다.				
7	법은 일반 국민들의 상식과 다른 경우가 많다.				
8	법은 국민들 모두의 뜻을 모아 만든 것이다.				
9	법은 정의를 실현한다.				
10	나의 평소 일상생활은 법과 관련이 없다.				
11	재판을 하면 돈과 시간이 많이 들어서 억울한 일을 당해도 웬만하면 그냥 참아야 한다.				
12	현실세계에서는 법보다는 주먹이나 돈이 더 힘이 세다.				
13	가능하면 앞으로 법과 상관없이 법을 모른 채로 살고 싶다.				
14	친구가 절도혐의로 연행되면 내용을 자세히 알기 위해 경찰서에 가 절차를 밟아 물어볼 것이다.				
15	판사들은 언제나 누구에게나 공평하게 판결한다.				
16	법은 우리 삶과 밀접한 관련이 있다.				
17	법의 주인은 국민들이 아니라 법원과 판사들이다.				
18	대부분의 경우 법은 멀고 주먹은 가깝다.				
19	법이 나 자신과 매우 가깝게 느껴진다.				
20	법은 우리가 노력해도 바뀌지 않는다.				
21	법은 언제나 가진 자에게 훨씬 유리하다.				
22	'법으로 해결하자'는 말은 안 좋은 말이다.				
23	내가 법적인 요구를 하면 공무원들이 요구를 받아들일 것이다.				

번호	문항내용	매우 그렇다	그렇다	그렇지 않다	전혀 그렇지 않다
24	법은 나의 생활과 멀리 있는 것처럼 느껴진다.				
25	나는 법이 매우 두렵다.				
26	법은 국민의 의견을 반영하지 않는다.				
27	법은 답답하고 지겹다.				
28	경찰서 앞을 지나갈 때면 몸이 움츠러든다.				
29	내가 억울한 일을 당하면 법에 도움을 청할 것이다.				
30	법은 돈도 힘도 없는 서민에게 불리하다.				
31	나는 검사나 판사가 두렵지 않다.				
32	나의 의견이 법을 만드는 데 영향을 줄 수 있을 것이다.				
33	우리나라의 법은 합리적으로 잘 만들어져 있다.				
34	죄를 지어도 돈이 있으면 용서받을 가능성이 높다.				
35	나쁜 법이 있다면 나도 참여하여 고치도록 노력할 것이다.				
36	법대로 살면 손해를 본다.				
37	나는 법에 대해 잘 모른다.				
38	언제나 법을 지키며 사는 것이 옳은 것은 아니다.				
39	죄를 지은 사람들이 잘못된 법이나 재판으로 풀려나는 경우가 많다.				
40	나는 법에 대해 많은 내용을 알고 있다.				
41	나는 법을 잘 아는 사람에게 속을 가능성이 높다.				
42	잘못된 법도 내가 노력하면 바꿀 수 있다.				
43	혼자 해결하기 어려운 일이 생기면 법률전문가를 찾아갈 것이다.				
44	법은 범죄로부터 사람들을 보호해 준다.				
45	법은 반드시 지켜야 한다.				
46	나는 나중에 나의 자식들에게 법을 꼭 지키라고 가르칠 것이다.				
47	필요하다면 법을 어길 수도 있다.				
48	법은 세상에서 매우 중요한 역할을 한다.				
49	부자가 될 수 있다면 타인에게 큰 피해를 주지 않는 범위에서 법을 어길 수도 있다.				
50	법이 없으면 세상이 편해진다.				

번호	문항내용	매우 그렇다	그렇다	그렇지 않다	전혀 그렇지 않다
51	법을 어기면서도 잘사는 사람은 능력이 있는 사람이다.				
52	세상을 잘 살아가려면 법을 꼭 알아야 한다.				
53	법은 생활에 도움이 된다.				
54	도둑질은 사람들을 다치게 하지 않으므로 심각한 죄가 아니다.				
55	내가 손해를 입는 것을 피하려면 다른 사람에게 해를 입힐 수도 있다.				
56	내가 손해를 보는 일이 있더라도 법을 지켜야 한다.				
57	내가 말이 안 된다고 생각하는 법은 어겨도 된다.				
58	친구들이 법을 어기고 문제를 일으키려고 하면 말릴 것이다.				
59	부자들의 돈을 훔쳐 가난한 사람들에게 나누어 주는 것은 좋은 일이다.				

2. 다음은 여러분의 법적 지식을 알아보는 문항입니다. 아는 대로 솔직하게 답해주세요.

번호	문항내용	전혀 모른다	잘 모른다	대충 알고 있다	잘 알고 있다
1	청소년에게 적용되는 법이 어른에게 적용되는 법과 어떻게 다른지 알고 있다.				
2	직장에서 월급을 받지 못할 때 어떻게 대처해야 하는지 알고 있다.				
3	민법과 형법의 차이를 구분할 수 있다.				
4	범죄로 체포되었을 경우 어떤 처리절차를 밟는지 알고 있다.				
5	성희롱을 당했을 경우 어떻게 문제를 해결할 수 있는지 알고 있다.				
6	결혼과 이혼의 법적 절차를 알고 있다.				
7	유언과 관련된 법적 내용들을 알고 있다.				

번호	문항내용	전혀 모른다	잘 모른다	대충 알고 있다	잘 알고 있다
8	억울한 일을 당했을 때 돈이 없어도 법률적 도움을 받을 수 있는 방법을 알고 있다.				
9	경찰과 검찰이 하는 일의 차이를 알고 있다.				
10	교통사고가 나면 어떻게 처리해야 하는지 알고 있다.				
11	부동산 등기가 무엇인지 알고 있다.				
12	죄형법정주의가 무엇을 의미하는지 알고 있다.				
13	헌법재판소와 대법원의 차이를 알고 있다.				
14	경찰에 일단 잡혀오면 죄가 있는 사람으로 보고 수사한다.				
15	길에서 주운 물건은 내가 가져도 된다.				
16	14세 미만의 아이들은 형사처벌을 받지 않는다.				
17	내 돈을 빌려가서 안 갚는 사람은 감옥에 보낼 수 있다.				
18	범죄를 저질러도 일정기간 동안 체포되지 않으면 형사처벌을 받지 않을 수 있다.				
19	15세 미만의 미성년자도 부모님의 허락을 받으면 결혼할 수 있다.				
20	자동차도 구입하면 등기를 해야 한다.				
21	심리적으로 압박을 가하는 것은 폭행이 아니다.				
22	경찰이 체포나 수색을 할 때는 검사가 허락해 주면 된다.				
23	사장이 보기에 회사에 필요 없는 인력은 별다른 이유 없이도 해고할 수 있다.				
24	성희롱을 당했을 때 거부의사를 밝히지 않으면 나중에 처벌할 수 없다.				

3. 여러분의 주변 사람들에 대한 질문입니다.

나의 주변 친구들은……		모두가 그렇다	대부분이 그렇다	몇 명의 아이들이 그렇다	그런 아이는 없다
1	친구나 후배들을 자주 때린다.				
2	아이들에게 돈을 빼앗는다.				
3	물건을 훔친 경험이 있다.				
4	서로 자주 싸운다.				
5	술을 마신다.				
6	담배를 피운다.				
7	함께 나쁜 짓을 하자고 권한다.				
8	무면허로 운전을 하곤 한다.				
9	경찰에 잡힌 적이 있다.				
10	폭력써클에 관련되어 있다.				
나의 아빠, 엄마는……		항상 그렇게 한다	자주 그렇게 한다	가끔 그렇게 한다	절대로 그렇게 하지 않는다
11	나에게 욕을 한다.				
12	나를 때린다.				
13	나에게 화를 낸다.				
14	서로 심하게 싸운다.				
15	취할 만큼 술을 많이 마신다.				

우리 집의 가정형편은……	경제적으로 여유가 있다	먹고 사는 데 걱정은 없다	친구들보다 약간 가난한 편이다	생계가 걱정되는 상황이다
16				

학 번		이 름	

* 조사에 응해주셔서 감사합니다.

곽한영

서울대학교 교육학 박사(법교육 전공)
서울대학교, 이화여자대학교 강사
현재 한국법교육센터 본부장

법의식과 법교육

• 초판 인쇄   2007년 6월 2일
• 초판 발행   2007년 6월 2일

• 지 은 이   곽한영
• 펴 낸 이   채종준
• 펴 낸 곳   한국학술정보㈜
            경기도 파주시 교하읍 문발리 526-2
            파주출판문화정보산업단지
            전화 031) 908-3181(대표) · 팩스 031) 908-3189
            홈페이지 http://www.kstudy.com
            e-mail(출판사업팀사업부) publish@kstudy.com
• 등   록   제일산-115호(2000. 6. 19)
• 가   격   22,000원

ISBN   978-89-534-6849-8 93360 (Paper Book)
        978-89-534-6850-4 98360 (e-Book)